図解 これが記憶法のすべてだ!

医学博士 京都大学名誉教授
大島 清

Discover
ディスカヴァー

は　じ　め　に

＊

私は間もなく80歳を迎える。この年になっても「生と性」への執着が絶えない。本書もその１つの産物だ。

私が今までたどってきた道は平坦なものではなかった。大工の倅である私は、親のハンコを盗んで海軍兵学校へ。敗戦後、進駐軍のアルバイト中に雑誌「蛍雪時代」を拾って学びの道に目覚める。東京大学医学部に入学したものの、アルバイトしながらの３年間だった。血を売ったことさえもあった。卒業後、金儲けの道として産婦人科に入局。その後、博士論文作成のため脳生理学の巨匠である時実利彦教授の門下となる。これが私の悪い脳味噌を活性化させることになったのだ。

数年の大脳生理学の研究で、米国ワシントン州立大学生理学教室へ助教授としての留学のチャンスを与えられた。５年ほど経って時実教授からの、愛知県の犬山に京都大学の霊長類研究所が発足したので帰りなさい、というお達しで帰国して、サルの研究所の助教授に。教授を経て退官。思えばあちこちで産婦人科医になったり生理学者となったりして現在に至ったものだ。

そして今、「脳の働きを利用した記憶法」についての、この本を書いた。いくつになっても何かを学びたい、脳を鍛えたいという人にとって、記憶法は大きな関心の的だろう。私が紹介できる限りの合理的な記憶法を図解によってわかりやすくし、身につけてもらいたい。そういう気持ちで出来た本だ。

生まれつきの天才などいるものか。学びの道をたゆまず歩む人の中に、ひょっとしたことで、たまたま天才の異名をつけられる人がいるだけだ。たとえば外国語に上達するコツは何だろう。私は、アメリカに５年間いたため、下手な英語でもしゃべらざるを得なかった。しゃべって通じると楽しいし、通じなければ、そこから学ぶことができる。もちろん同じことは日本国内にいてもできる。要は、しゃべるのでも書くのでも間違いを恐れず遠慮なく披露して、訂正されるくせをつけることだ。

学ばない人、努力しない人に春は来ない。苦しみながら、あえぎながら努力した人に春は来る。時に天才の名もつけられる。

「記憶してそれを活用する」。口先でいうのはたやすいが、ここには、記憶法と活用法という２つの厳しい関門がついて回る。その関門を学ぶ、１つの手だてとしてこの本をおすすめしたい。

2006年１月　　大島　清

図解　これが記憶法のすべてだ！　もくじ

PART 3 日常生活の中で記憶力を高める5つの行動

PART 4 記憶力トレーニング

PART 1

脳と記憶のメカニズムを知る

Step 01

脳の構造を利用して記憶力を高めよう

記憶は感情と深く関係している。

★脳の中でも「大脳辺縁系」に、記憶にとって重要な「海馬」がある

★大脳辺縁系は喜怒哀楽の感情をコントロールするため、記憶と感情は深い関係を持つ

この本では、脳の構造と働きをうまく利用した記憶法を紹介していく。まずは脳の構造について簡単に見ておこう。

私たちの脳は、大脳、小脳、脳幹、延髄に分けられる。小脳や脳幹は生命の維持や筋肉の無意識な動きをコントロールする。延髄の延長が脊髄で、これは脳と全身の連絡役だ。**大脳は内側から「旧皮質」「古皮質」「新皮質」の三つに分かれていて、それぞれ異なった働きをしている。**

大脳の最も内側にある「旧皮質」は原始的な脳で、「爬虫類脳」とも呼ばれ、生命維持に関係する機能が集まっている。「古皮質」は、その旧皮質にかぶさるように発達し、主に喜怒哀楽、好き嫌いといった情動に関わる機能が集まっている。この部分は脳幹の辺縁を取り囲むように発達していることから「大脳辺縁系」とも呼ばれる。

その古皮質を覆うように発達したのが、「新皮質」だ。人間らしい精神活動をコントロールする前頭連合野などもここにある。知的活動に関わる中枢が集まっている場所だ。

「旧皮質」と「古皮質」は動物脳、「新皮質」は人間脳とも呼ばれている。脳には、進化の過程で徐々に新しい層ができてきたというわけだ。高度な知的活動を行う人間脳の下に本能を支配する動物脳が潜んでいるともいえる。

記憶に関係しているのは、大脳辺縁系にある「海馬」と呼ばれている部分だ（9ページ参照）。大脳辺縁系は情動や本能をコントロールする「動物脳」でもあるから、記憶は本能や人間が持つ喜怒哀楽といった感情と深く関係しているのだ。

次項では、記憶にとって重要な海馬と感情との関係について詳しく見ていこう。

脳には記憶に関わる部分がたくさんある

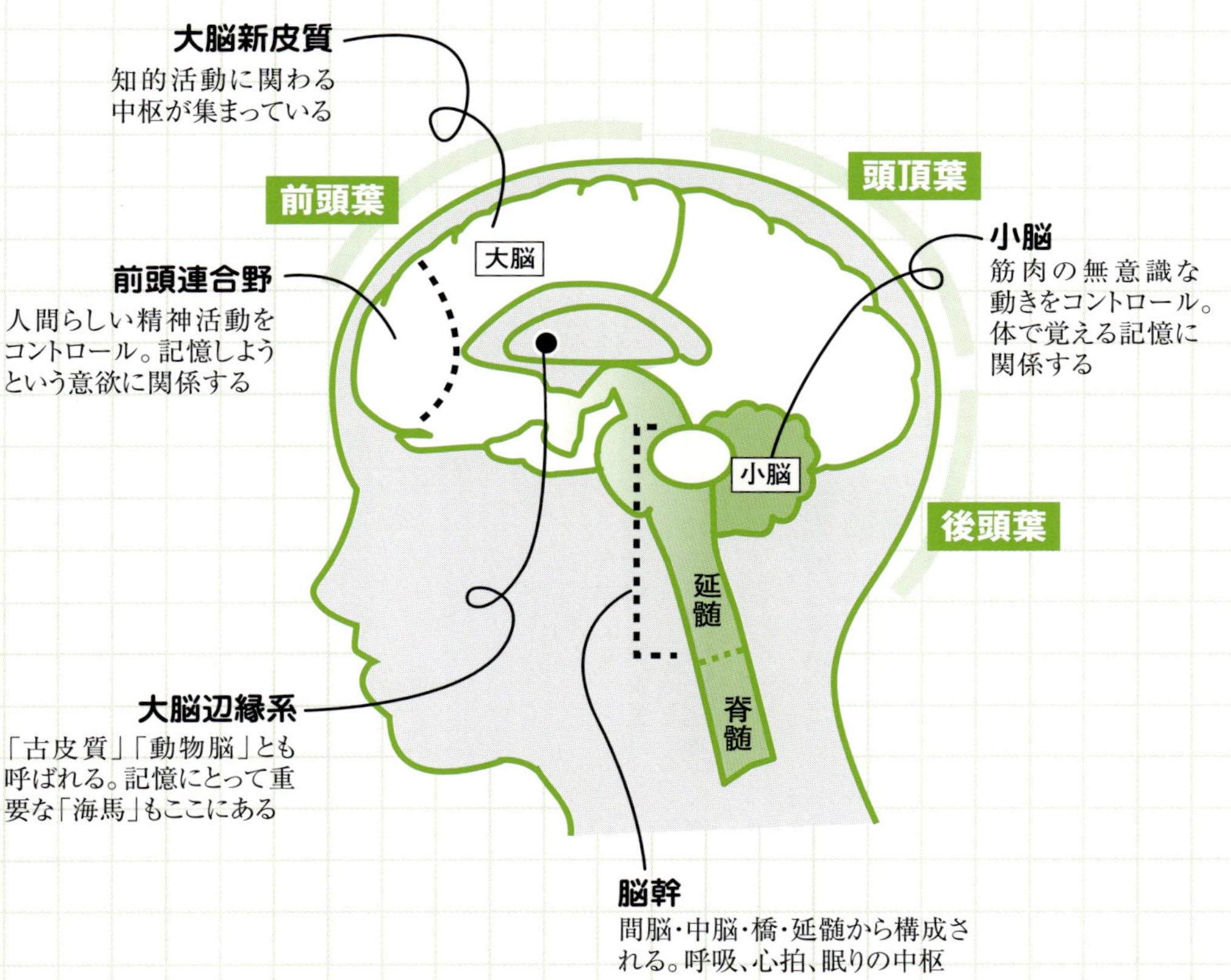

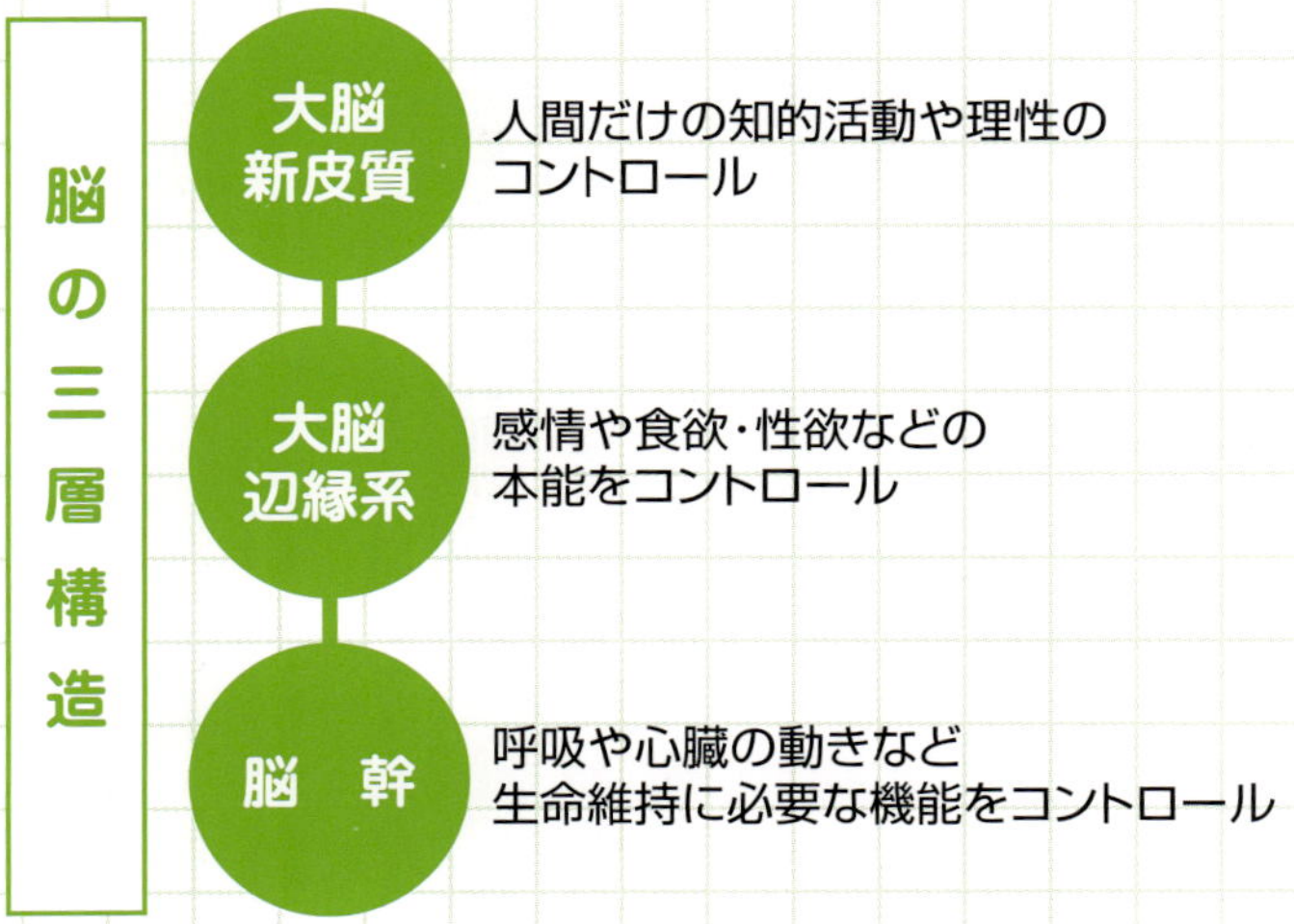

Step 02

記憶のツボは海馬！

喜怒哀楽の度合いが強ければ強いほど、脳は鮮明に記憶する。

★海馬は記憶すべき情報とそうでないものを選別する

★感情を生み出す扁桃体から強い働きかけがあると、その印象とともに海馬は記憶する

★小さな驚きを大切にしたり感動したりすると記憶力は向上する

喜怒哀楽の感情は、大脳辺縁系の扁桃体と視床下部から生み出される。視床下部は食欲や性欲といった本能的な欲望をコントロールしている中枢で、扁桃体は好き嫌いといった感情を判断する中枢。好き嫌いといった感情を判断するときには、視床下部から送られてきた情報や、海馬に蓄積されている記憶をもとにしている。

海馬は一時的な記憶の保管場所であるとともに、神経回路を伝わって入ってきた情報の選別を行い、記憶すべきものを記憶の保持・貯蔵庫である側頭葉に送り出している。

海馬が情報の選別を行っているときに、扁桃体から強い働きかけがあれば、その印象とともに記憶される。つまり、喜怒哀楽の度合いが強ければ強いほど、脳は鮮明に記憶するのだ。

私たちは情報に接するとき、必ず何らかの感情を抱く。「つまらない」「やりたくない」といったマイナスの感情を、「楽しい」「嬉しい」といったプラスの感情に変えるようにしたほうが、記憶しやすくなる。

だから、**小さな驚きを大切にしたり、少しでも興味を持った事柄を納得がいくまで調べて大きな感動に変えていくといった工夫をすれば、記憶力は向上するのだ。**

大脳辺縁系は記憶にとっていちばん重要な部分

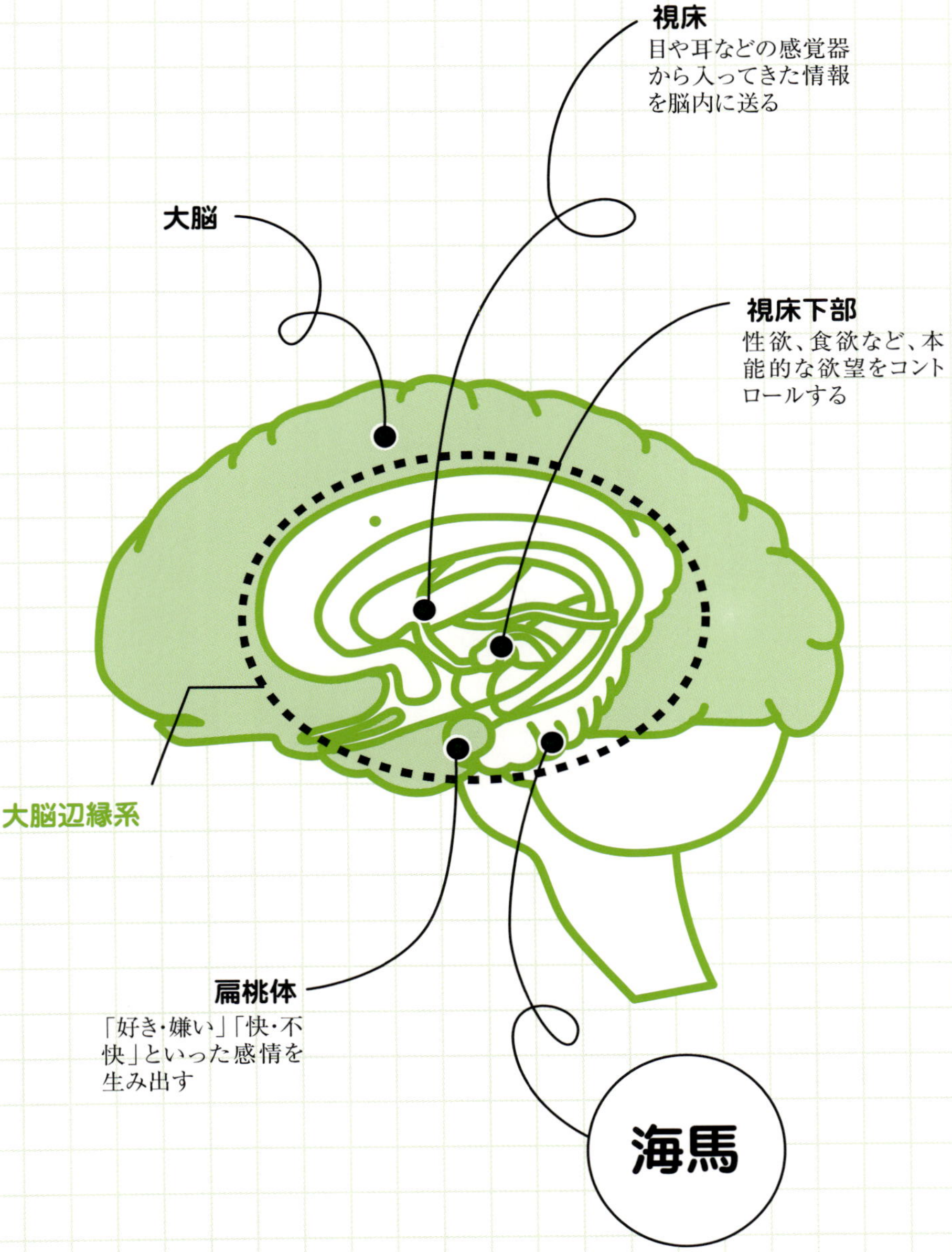

▶扁桃体と視床下部が喜怒哀楽の感情を生み出す

▶喜怒哀楽の感情が海馬に働きかけ、記憶を助ける

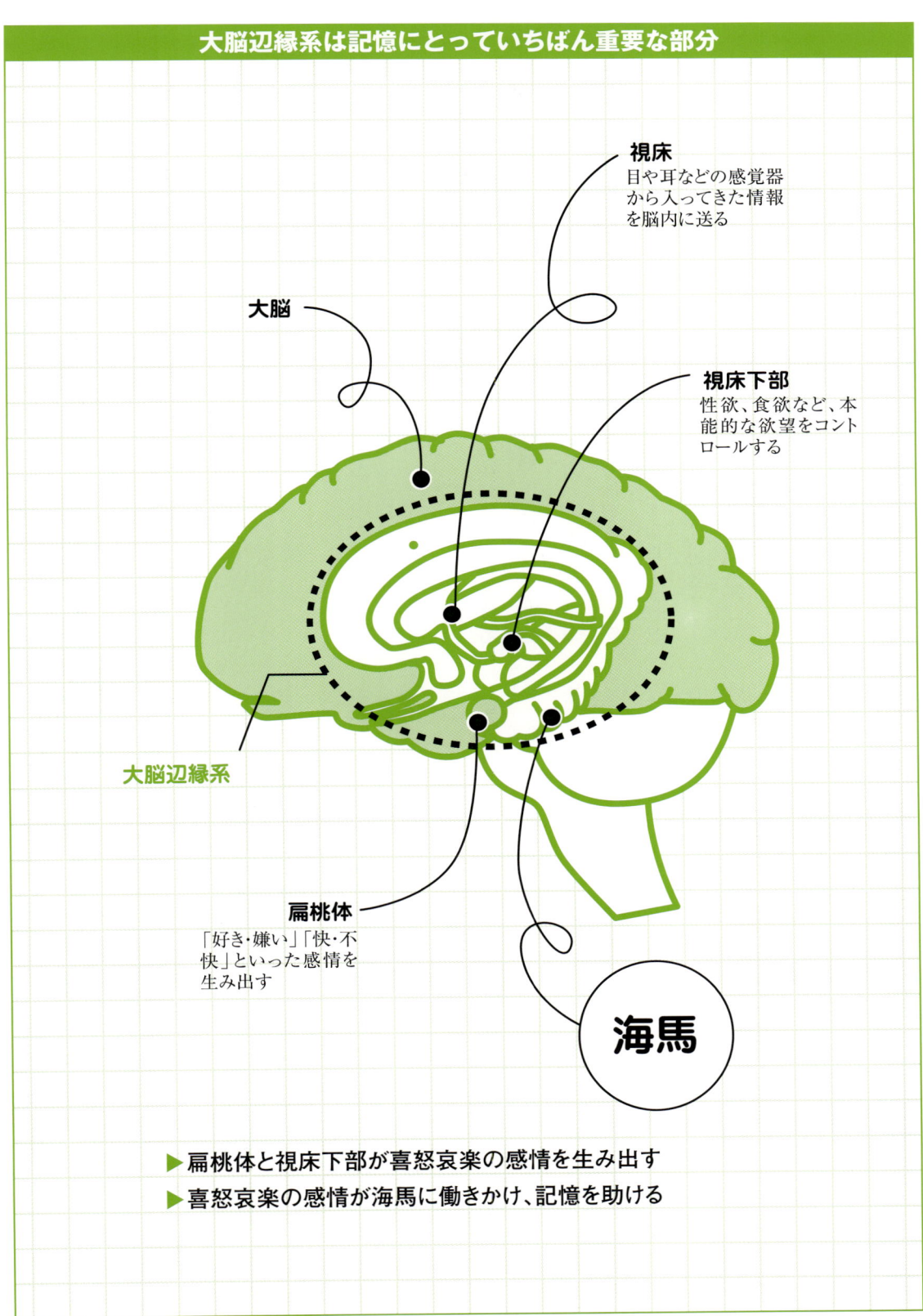

Step 03

手足を動かすと記憶がよくなる

手・足・アゴを使うと脳への刺激になる。

- ★手、足、アゴから脳へ送られる情報は非常に多い
- ★脳に刺激を与えるには、手、足、アゴを動かすこと
- ★脳への刺激が記憶力を高める

脳の真ん中には左右にかけて「体性感覚野」と呼ばれる部分がある。これは、手・足・アゴといった、身体のうちの動く部分からの情報を受け取る大切な場所だ。その情報のなかでも、手と足から発信される情報は約二五パーセントずつ、アゴからの情報が五〇パーセントを占めている。

つまり、**手と足をよく動かすというのは、脳に対して多くの情報を送ることを意味する。**手や足から心地よい情報が送られてくると、心や身体の調子を狂わすマイナス情報と闘ってくれて、心身を安定した方向に導いてくれる。

それだけではない。アゴ、つまり、食べるときによく動かして噛みくだくところからの情報は、何と五〇パーセント。私が日頃、口をすっぱくしてすすめている「よく噛んで食べる」ことが、どれだけ脳をいきいきさせるかが理解できる。

身体を動かすことは健康にいいといわれるが、**なかでも手・足・アゴを使うことは、脳に一番いい。**太ももの筋肉は、人間が持つ他の筋肉より大きく、その分だけ体内の血液循環をよくしてくれるし、脳への刺激も大きい。身体を動かせば、目や耳から入ってくる情報も多くなる。

脳を鍛える第一歩は、手足を動かす楽しみを見つけることだ。

体性感覚野と手足のつながりはこうなっている

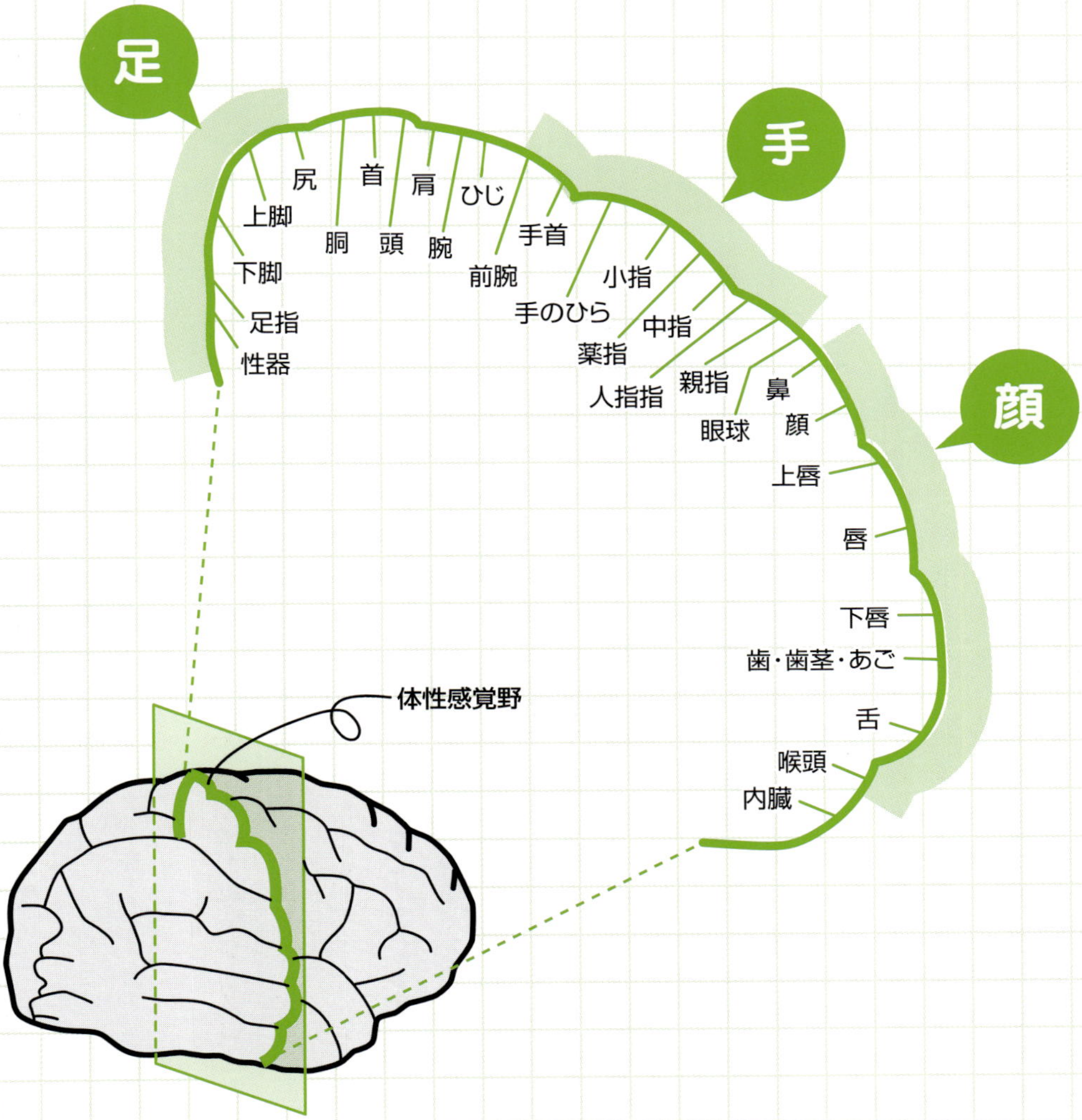

カナダの脳外科医ペンフィールドが脳のどの部分を刺激すると体のどこが動くかを調べて図にしたものが上だ。体の各部分の感覚を感じとる領域を「体性感覚野」という。その多くを手、足、アゴといった部分からの感覚を受けとる場所が占めているのがわかる。

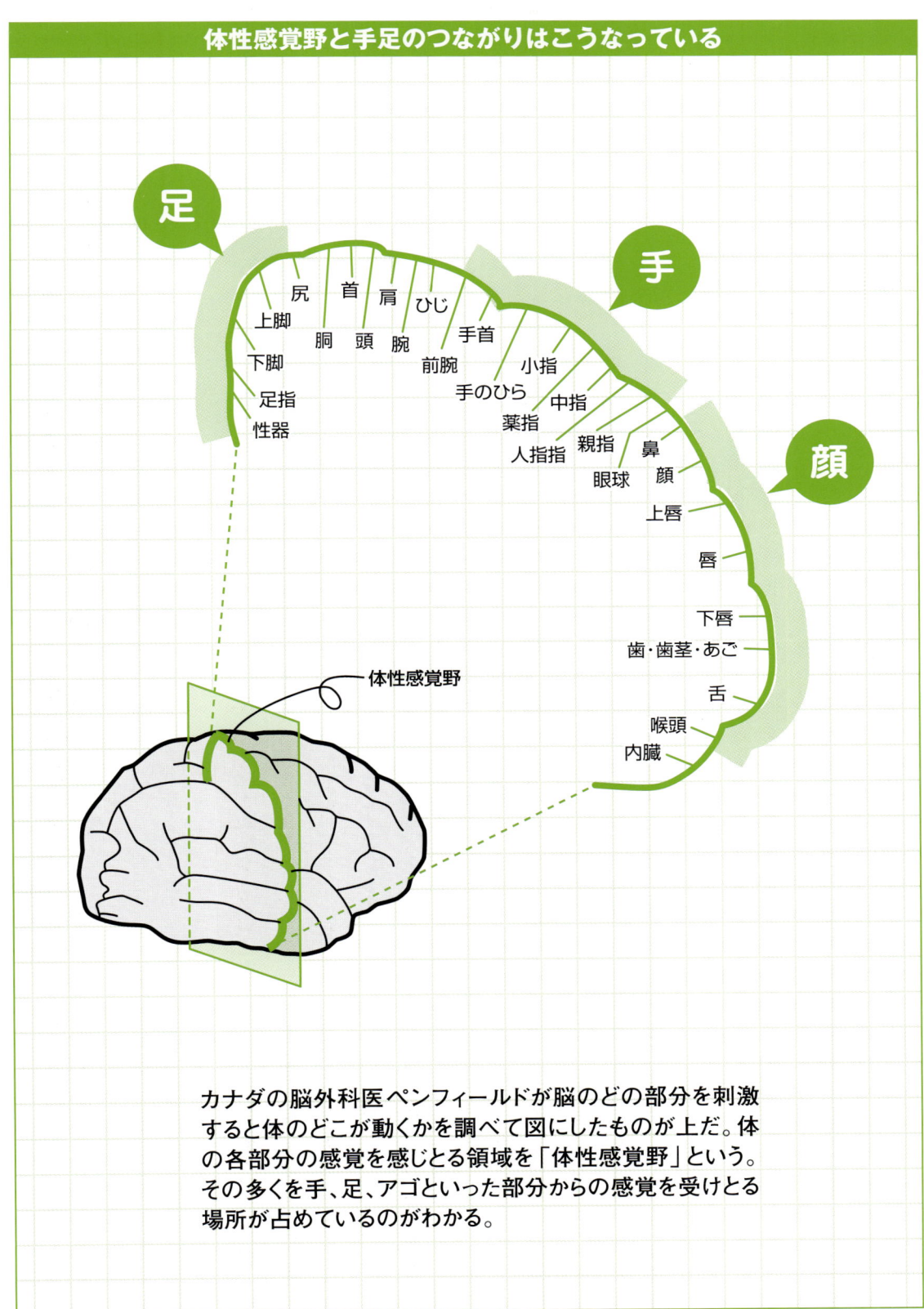

Step 04

神経細胞はたった二%しか使われていない！

もっと多くの神経細胞を使えば、脳は活性化する。

★脳内では1000億個の神経細胞が情報をリレーして、記憶したり思考したりする

★神経細胞のうち2%程度しか使われていないのは、情報伝達の余地を残しておくため

★ただし、もっと多くの神経細胞を使うことができると考えられている

　脳のしくみはコンピュータに似ている。コンピュータは、主に半導体という部品で作られる電気回路や計算などを行う集積回路、メモリーと呼ばれる記憶回路を電気で動かすことによって、高度な情報処理をしている。

　この半導体にあたる部品が、脳でいえば神経細胞（ニューロン）だ。脳内には約一千億個の神経細胞があり、この神経細胞のなかを微弱な電気が流れることで、私たちは思考したり、記憶したり、計算ができるのだ。

　目や耳などの感覚器官に音や映像などの情報が入ってくると電気信号が発生して脳内を巡り、神経細胞がリレーしながら、記憶したり、思考したりするというしくみになっている。

　しかし一千億個の神経細胞のうち、人間が意識的に活用できるのは一〇%にも満たない。ふだんは二%程度の能力しか発揮していないといわれている。残りの九八%は使われていないのだ。

　二%しか神経細胞が使われていないのには理由がある。神経細胞は、各細胞が突起を伸ばしてお互いに結びつき、神経回路をつくっている。突起の結びつきの部分をシナプスというが、この総数は一千兆個にも及び、平均すれば一個の神経細胞が一万個の神経細胞と結びついていることになる。しかしこれでも神経細胞のネットワークは完成していない。**新しく接続できる場所を残しておかないと、情報伝達がスムーズにいかなくなる。そこで、神経細胞の使用量を低く抑えておくというわけだ。**

　ただし、二%という量が脳の活動に適した量かどうかは疑問だ。もっと多くの神経細胞を使うことができるはずだ。

　次項では、神経細胞をもっと活用するにはどうしたらいいかを考えてみよう。

神経細胞のネットワークのしくみ

▶情報を電気信号に変え、神経細胞がリレーすることで記憶したり思考したりしている

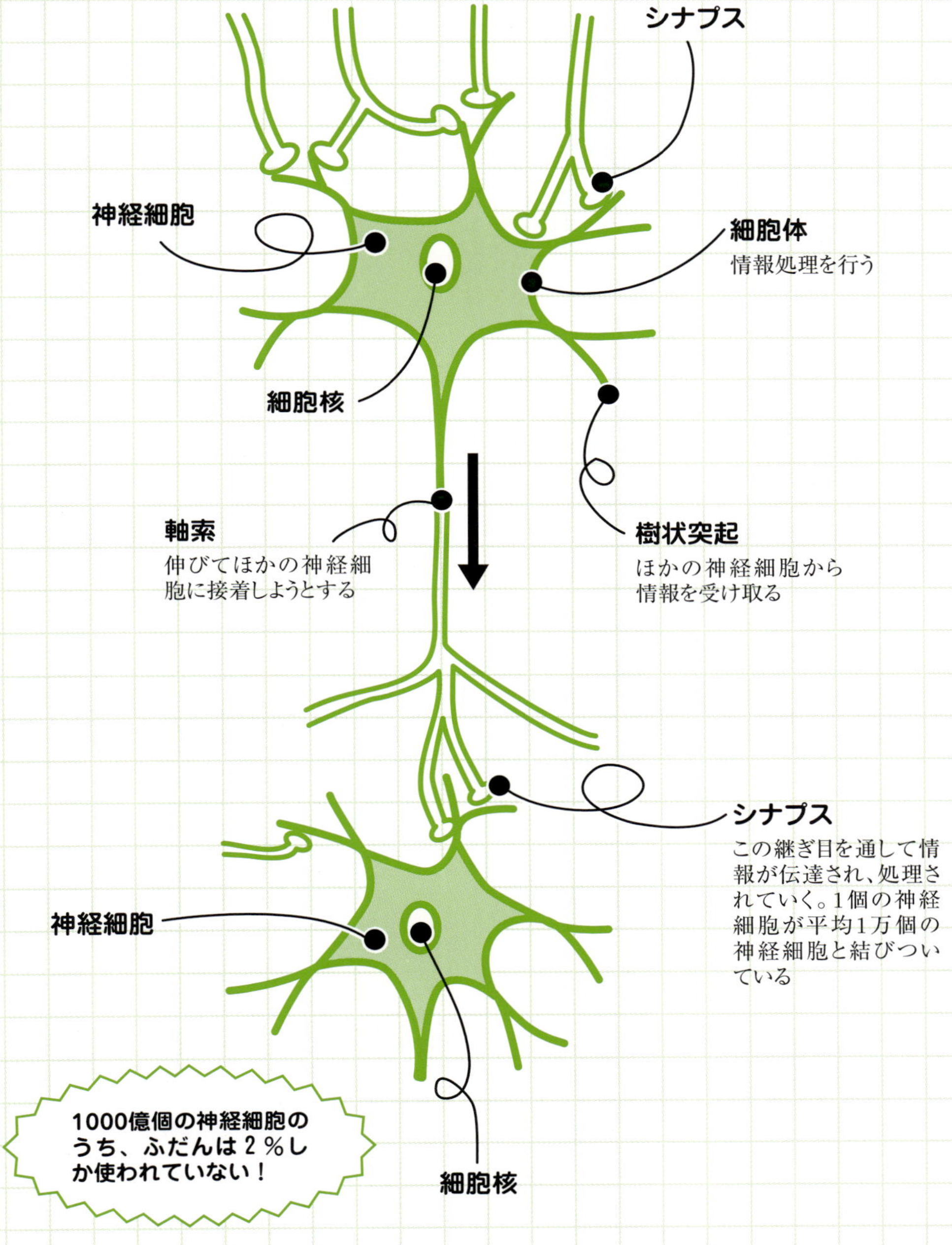
シナプス
神経細胞
細胞体
情報処理を行う
細胞核
軸索
伸びてほかの神経細胞に接着しようとする
樹状突起
ほかの神経細胞から情報を受け取る
シナプス
この継ぎ目を通して情報が伝達され、処理されていく。1個の神経細胞が平均1万個の神経細胞と結びついている
神経細胞
1000億個の神経細胞のうち、ふだんは2％しか使われていない！
細胞核

Step 05

脳はトレーニングで強くなる

何歳になっても記憶力は伸ばせる

★脳に適度な刺激を与え、神経細胞を活性化させると記憶力が伸びる

★その刺激としては、簡単な計算や音読が適している

自分の興味のあることや、好きなこと、快感がともなう情報が入ってくると、多くの神経細胞が一気に活動する。これが脳内の活性化状態だ。

もの忘れが多くなるのは、この神経細胞のリレーがうまくいっていない状態だ。神経細胞のネットワークがサビついてしまっているのである。ということは、**記憶力を高めるには、いつも脳に適度な刺激を送り込み、活発にリレーさせればいい。**脳を使うと神経細胞が刺激され、お互いの接着が盛んになる。すると情報の伝達力が向上するのだ。

神経細胞同士をつなぐネットワークの接合点「シナプス」の数は年をとっても増やすことが可能だ。**脳が年齢に関係なく力を伸ばすことができることは、科学的にも証明されている。**

そのためには日頃からのトレーニングが有効だ。神経細胞を使えば、記憶力は伸びるのである。

では、そのトレーニングとして何がいいのかというと、それほど難しいことではない。実は、**簡単な計算や読書、音読が適しているのである。**

認知症のお年寄りに一日二十分、簡単な計算や絵本を読むといった学習を半年以上続けてもらったところ、症状が改善されたという研究結果がある（東北大、川島隆太教授）。

簡単なものを継続して覚えていくことが、記憶力を高めるのに役立つということだ。

音読や簡単な計算で記憶力が伸びる

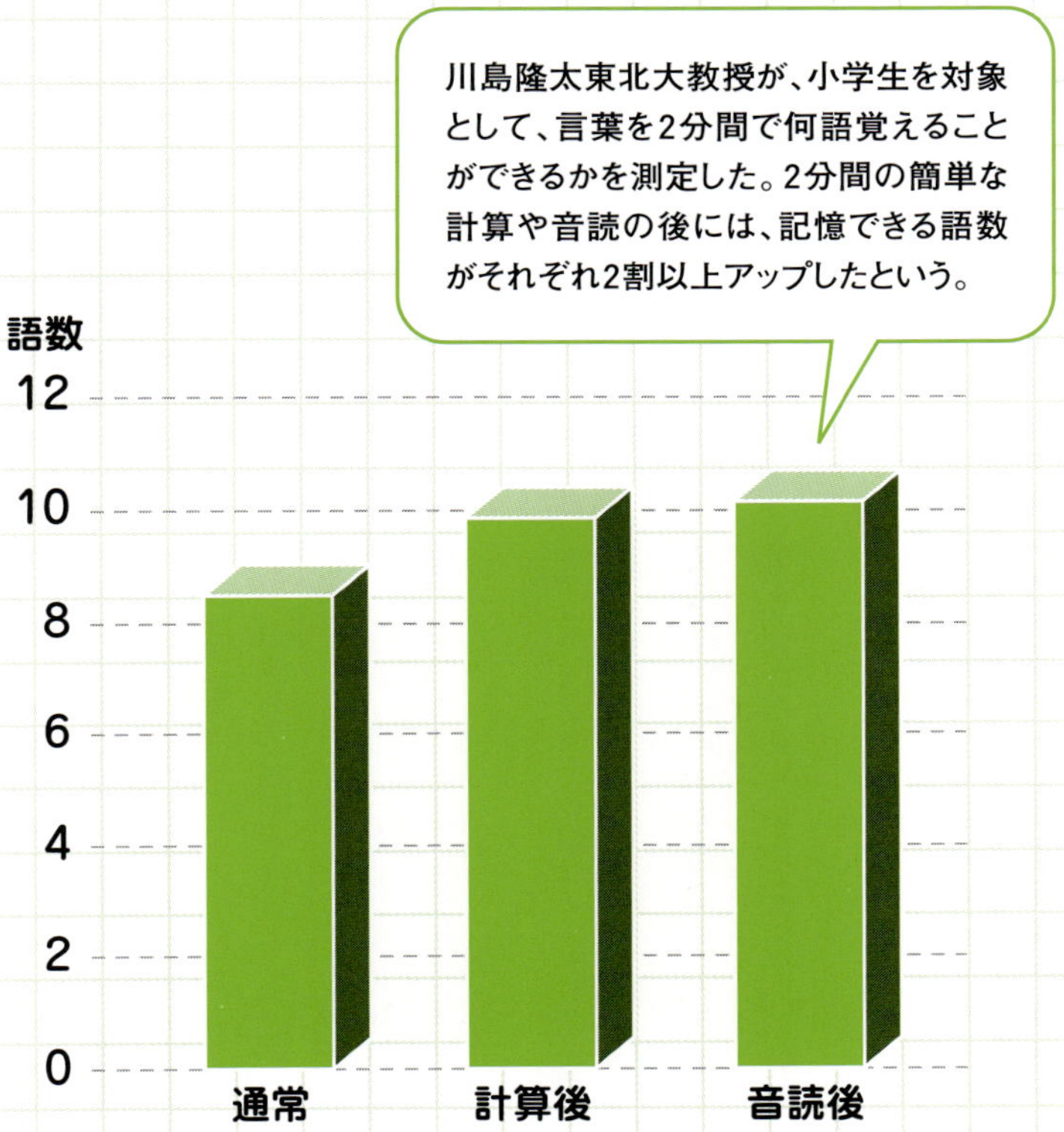

※『脳を鍛える大人の計算ドリル』(くもん出版)より

Step 06

遠くを眺めるだけでも記憶力は高まる

脳の中の「角回」を刺激するには遠くを眺めること。

★「角回」は言葉の理解に関わる器官で、記憶にも重要な役割を果たす

★角回は空間を認識する役割もあるので、遠くを眺めると活性化する

人間の脳の中には、「角回」と呼ばれるところがある。側頭葉や後頭葉に近い頭頂葉の角にあり、言葉を聞いたり読んだり書いたりするときに不可欠な役割を果たす。角回の役割は二つ。

①目で見たものを音に変える
②視覚やからだの動きに深く関わる

角回は空間を認識する役割もあり、言葉を理解することと眼前に広がる空間を把握することには、密接な関係があることがわかっている。

人が他の動物より物事を深く考え高度な文明を築くことができるようになったのは、言葉をもっているからにほかならない。だから、角回を刺激することは、人間らしい高度な活動をするために有意義な行為だ。**この角回を活性化するのに一番簡単で最適な方法は、広い空間を目の当たりにすることだ。**

散歩（ウォーキング）する習慣を身につけ、そんな視界の開けた場所をいくつも見つけておこう。近所にある丘に登って、ときには沈む夕日を、たまには朝日を眺めてみる。それだけでいい。振り返ってみると、何か重大な決断をしなければならないとき、どこか遠くを見ながら行ったことはないだろうか。大地の雄大さが思考力にいい影響を与えることを、人間の身体は本能的に知っている。

いくら考えても出口の見えなかった難問が、角回を刺激して気分転換を図ることで、ふと解決の糸口が見つかったりする。何か新しいことを記憶したりするときも同様だ。角回を刺激して脳を活性化することが役立つのである。

「角回」が刺激されると言語機能が活性化し、記憶力が高まる

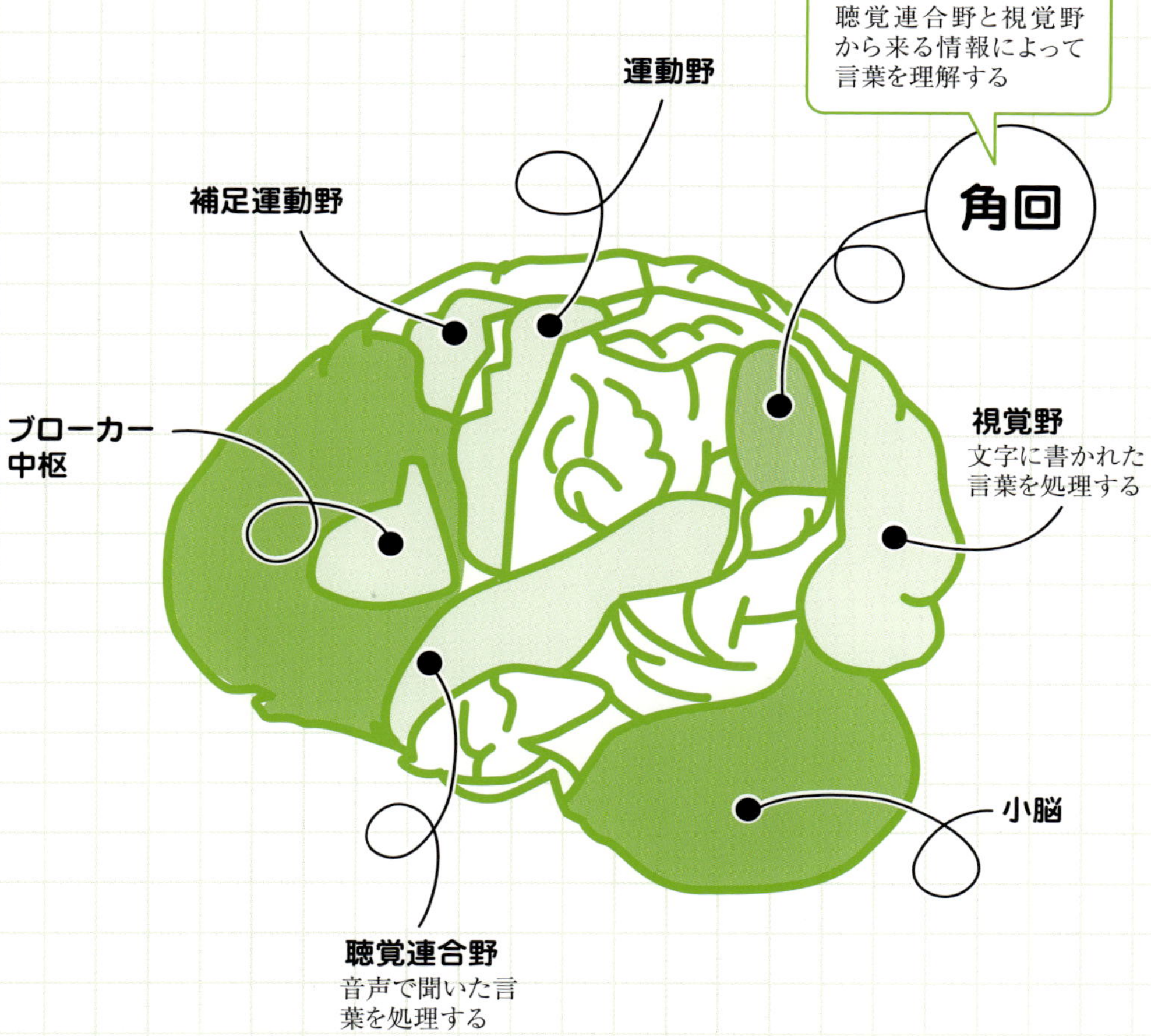

言葉を理解したり発したりするしくみ

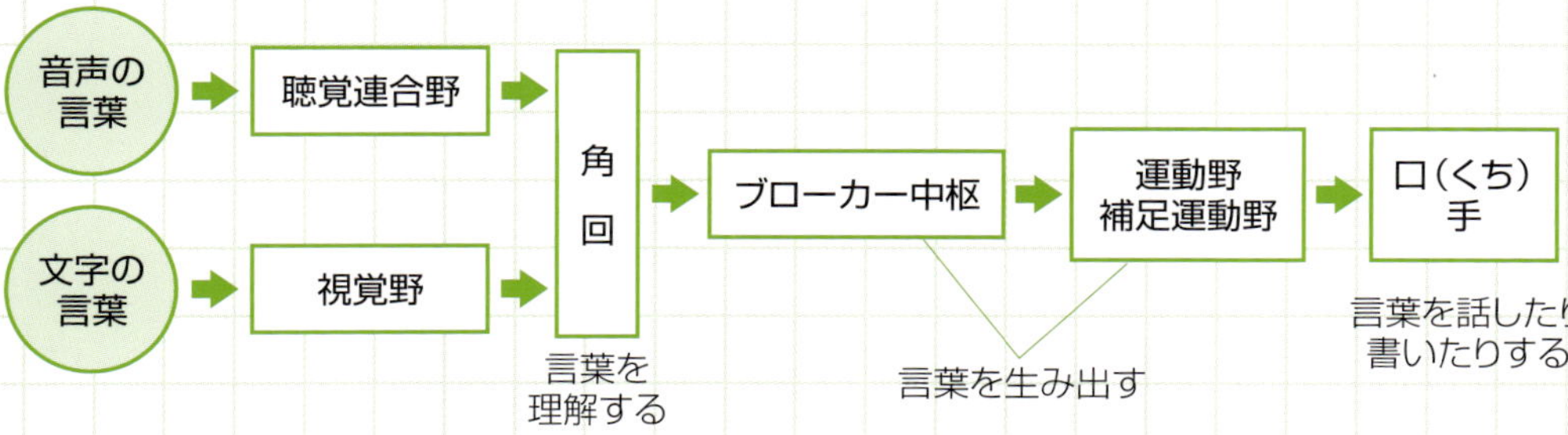

➡は情報の流れ

Step 07

記憶のメカニズムは3ステップ

「覚える」「貯める」「思い出す」の各機能が必要だ。

★覚えたら保ち、さらに思い出す機能がなければ、記憶する意味がない

★それぞれの機能を強化することが記憶力アップにつながる

「記憶」は次の三段階から成り立っている。

①覚える（専門用語では「記銘」という）

②覚えたことを保つ（同じく「保持」）

③思い出す（同じく「想起」）

ものをせっかく記銘してもそのままではすぐ忘れてしまうから、覚えたものを保持する機能が必要となる。これを「貯蔵」ともいう。しかしせっかく貯めても思い出す機能がなければ、ものを覚える意味も保持する意味もなくなってしまう。そこで、思い出す「想起」という機能が必要となる。

さらに「想起」は「再生」と「再認」の二つに分かれる。再生とは保持した記憶を自由に思い出すことであり、再認とは覚えているいくつかの事柄の中から、選択的に思い出すことだ。

赤ちゃんが最初に記憶するのは親、とりわけ母親の顔である。いつもそばにいて優しく接してくれる母親とそうではない人の顔の違いがわかるからこそ、知らない人にあやされると泣くのである。それが再認記憶だ。一方、再生記憶は二歳頃からようやく現れ、年齢とともに発達していく。

記憶には「記銘」「保持」「想起」の3段階がある

STEP 1 覚える（記銘）

⇩

STEP 2 覚えたことを保つ（保持・貯蔵）

⇩

STEP 3 思い出す（想起）

再　生	再　認
自由に思い出す	**選択的に思い出す**

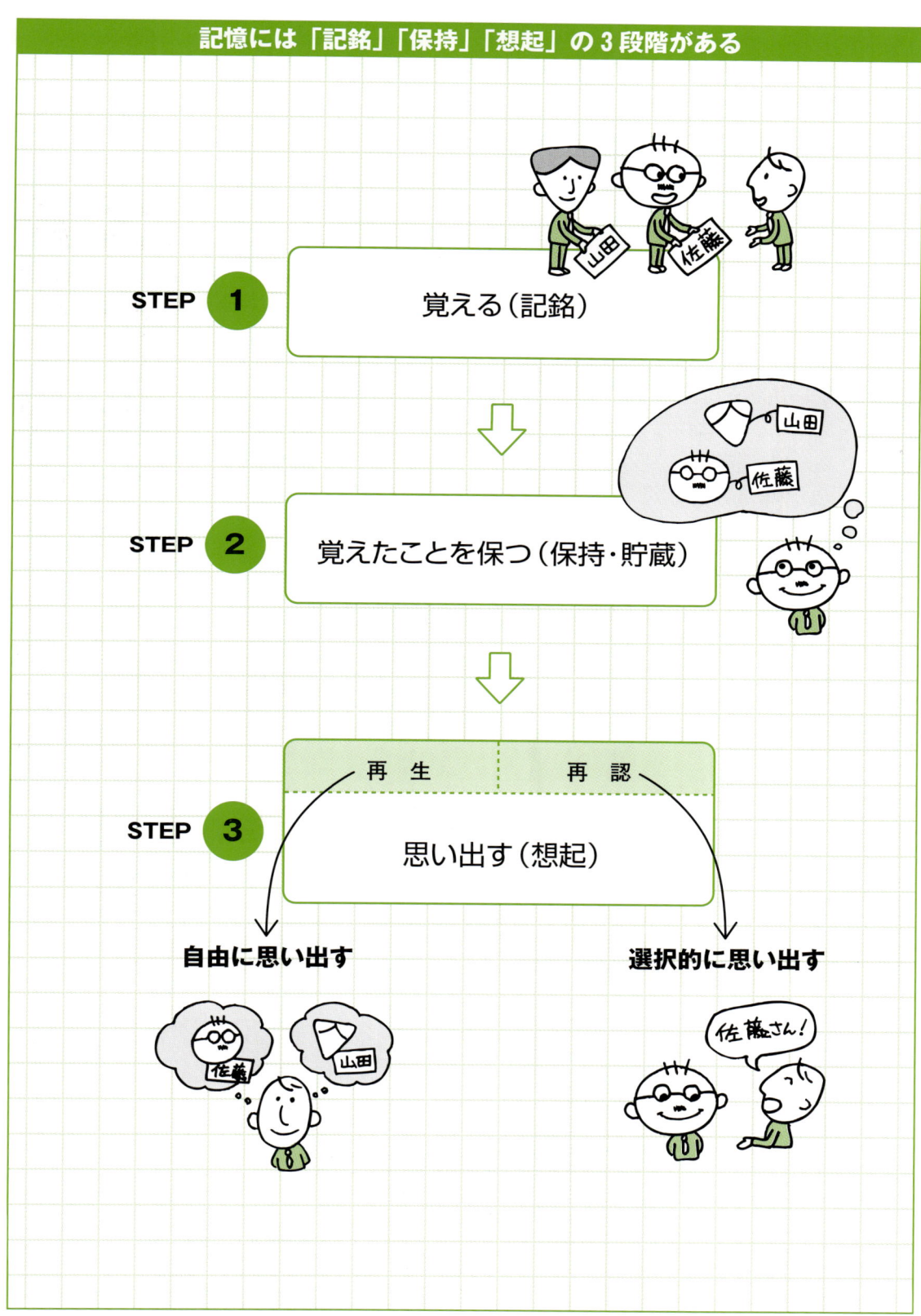

Step 08

記憶力は大人になっても伸ばせる

年齢とともに身につく言語能力や広い知識が記憶力を増強する。

★丸暗記力は年齢とともに衰えるが、総合的な記憶力は伸びる

★40歳を過ぎてもあきらめずにさまざまな記憶法を使えば記憶力は伸ばせる

記憶力のピークは八～九歳頃だ。脳に入った情報を伝えていく神経回路がつくられていくのが三～十歳頃までで、ほぼこの十年間で脳の司令塔・前頭葉の基本性能が決まる。思考や判断といった人間らしい精神活動を担当する脳のソフトウェア（前頭連合野）の基本神経回路が完成するからである。

記憶力は遺伝というより、生まれてから前頭葉の基本性能が決まる十歳までの期間をどう過ごしたかで決まる。この時期にたくさんの体験をし、脳に刺激を与えれば与えるほど神経回路が活発につくられ記憶力が高まる。

では大人になったらもう遅いのかというと、決してそうではない。機械的な丸暗記は十歳の子どもにかなわないかもしれないが、記憶力は丸暗記だけではない。二分ほどの物語を聞かせて三十分後にどれくらい内容を覚えているかという実験をすると、二十代後半から三十代が最も優れているという結果が出る。これは丸暗記力だけでなく、言語能力も必要になるからだ。

言語能力も含めた総合的な意味での記憶力は成長とともに向上し、二十代後半から三十代でピークになる。これは学習で得た情報が消えることなく固定され、その上に実体験を通して得た新しい情報が絡まりあいながら積み上げられていき、記憶力がますます増強していくためだ。たとえば歴史の年号を丸暗記する能力は多少衰えるが、事件が起こった背景や状況といったストーリー性を重視した記憶法に切り替えれば記憶を補強できる。

四十歳を過ぎてもあきらめてはいけない。前に述べた通り、脳を使い続ければ記憶力を伸ばすことは可能なのだ。

何歳であっても、記憶力は鍛えれば伸びる

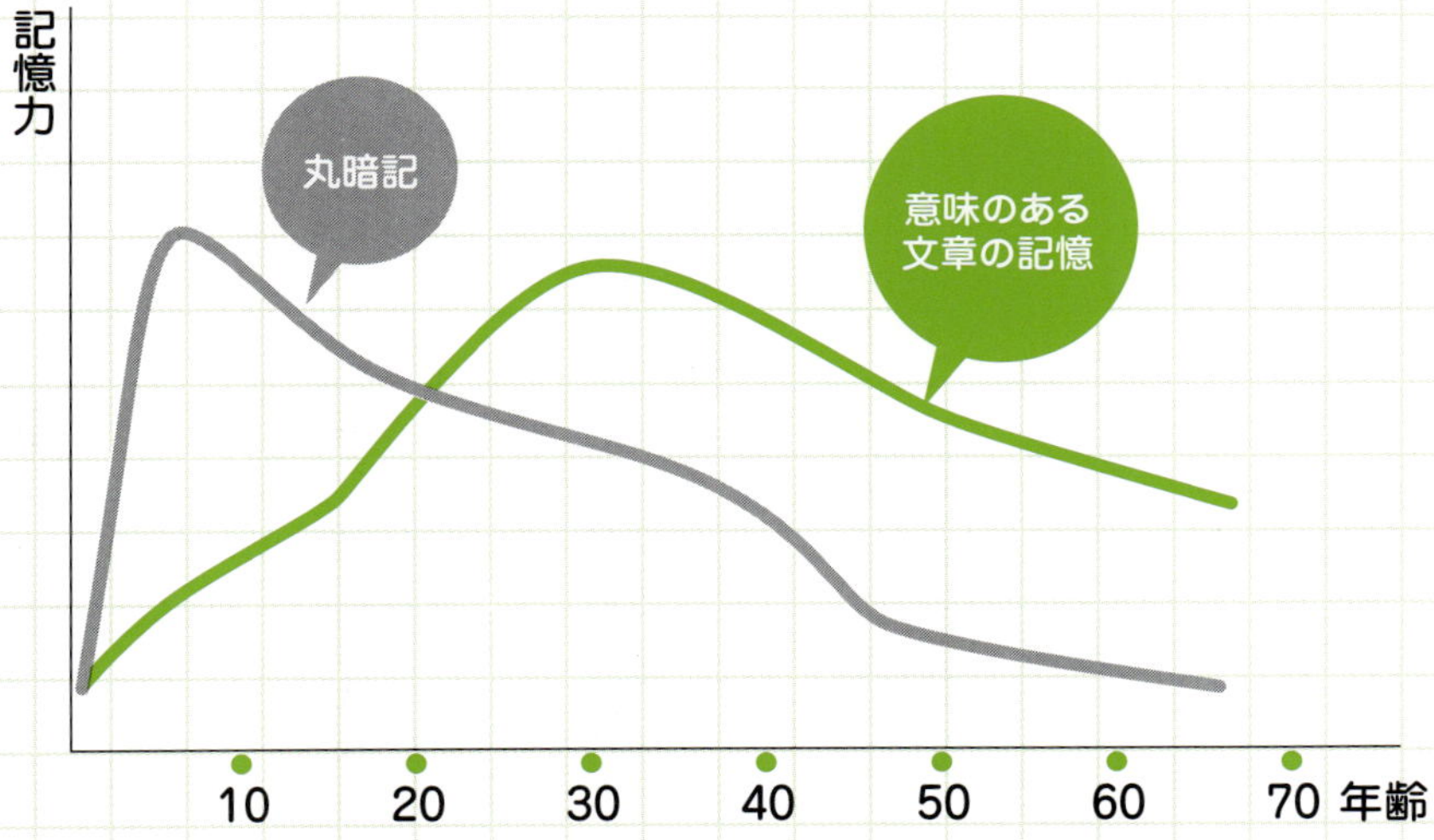

- ▶ 丸暗記力は8～9歳をピークに年齢が高くなるにつれて落ちる
- ▶ 意味のある文章の記憶力は30歳がピークで、その後の落ち方もゆるやか
- ▶ 脳を使い続ければ総合的な記憶力は伸ばすことができる

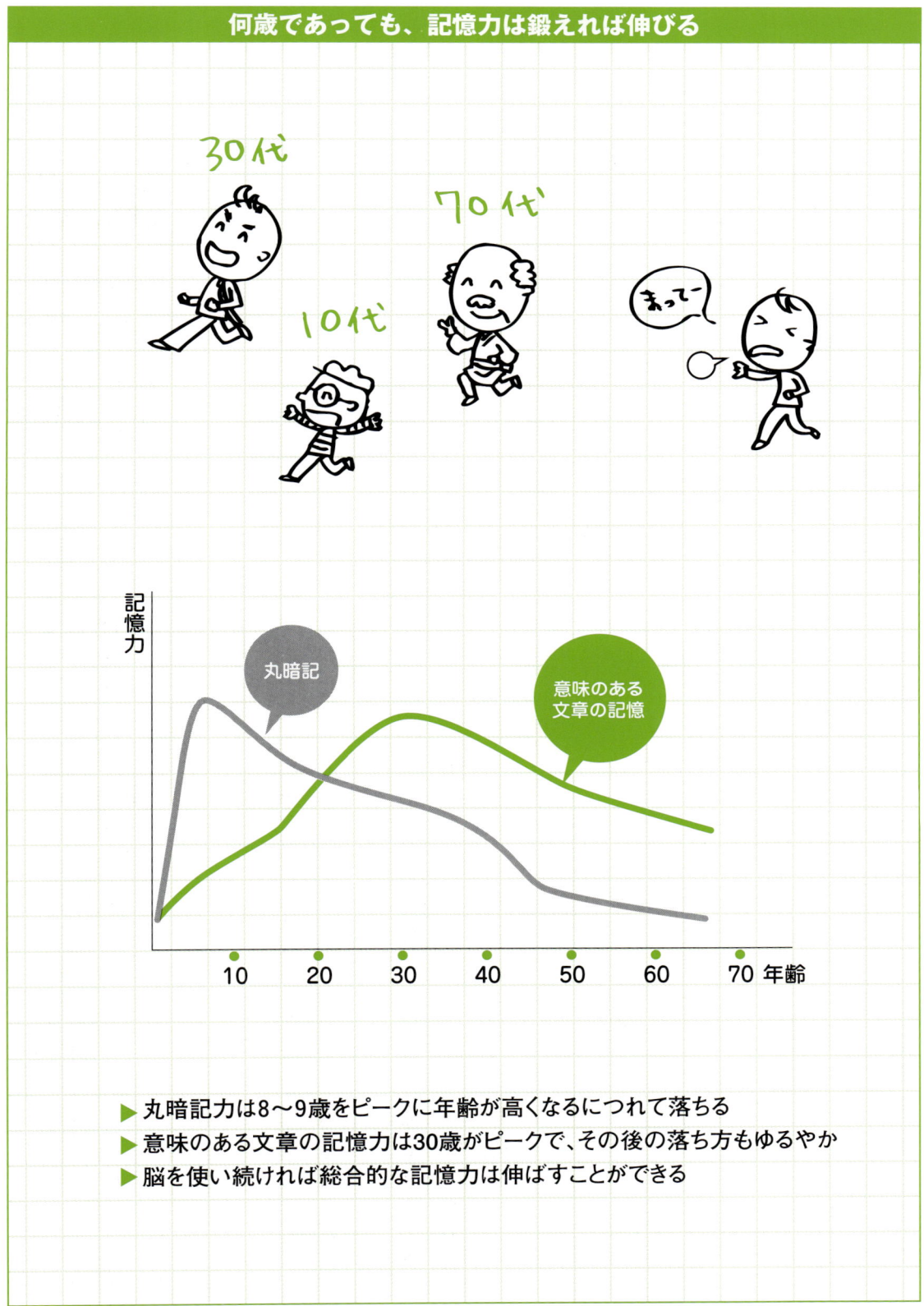

Step 09

短期記憶を長期記憶に変えろ！

記憶として残しておきたいことは長期記憶に。

★記憶には「短期記憶」「近時記憶」「長期記憶」がある

★必要・重要な情報だけが長期記憶として残る

★残したい記憶は長期記憶に変えることが大切

記憶には「短期記憶」「近時記憶」「長期記憶」の三つがある。目や耳といった体の各器官から入ってきた情報はいったん海馬に集められ、海馬周辺の側頭葉を経て側頭連合野や頭頂連合野へと移されていく。**この間に不要な情報はふるいにかけられ、必要な情報や重要な情報だけが記憶として残る。**

こうして連合野に残った記憶が「長期記憶」であり、数時間から生涯にわたって保持される記憶である。「近時記憶」は、海馬周辺の側頭葉に数時間から数日間にわたって保持される記憶。

「短期記憶」は十五秒前後の短い記憶である。たとえば、これからメモ帳に書き留めてある電話番号に電話するとしよう。用件を話し終えて電話を切ったとき、ついさっきかけたばかりの番号を覚えているだろうか。これが短期記憶の特徴だ。つまり、次の新しい情報に触れたり、何らかの新しい行動をしたら、もうその前のことは忘れているのだ。これに対して、自宅や親しい友人の電話番号は覚えているはずだ。それは何度も繰り返しかけることで自然に覚えたからだ。**一方はすぐ忘れ、一方はしっかり覚えている。これが短期記憶と長期記憶の違いだ。**

長期記憶に関わる脳の領域

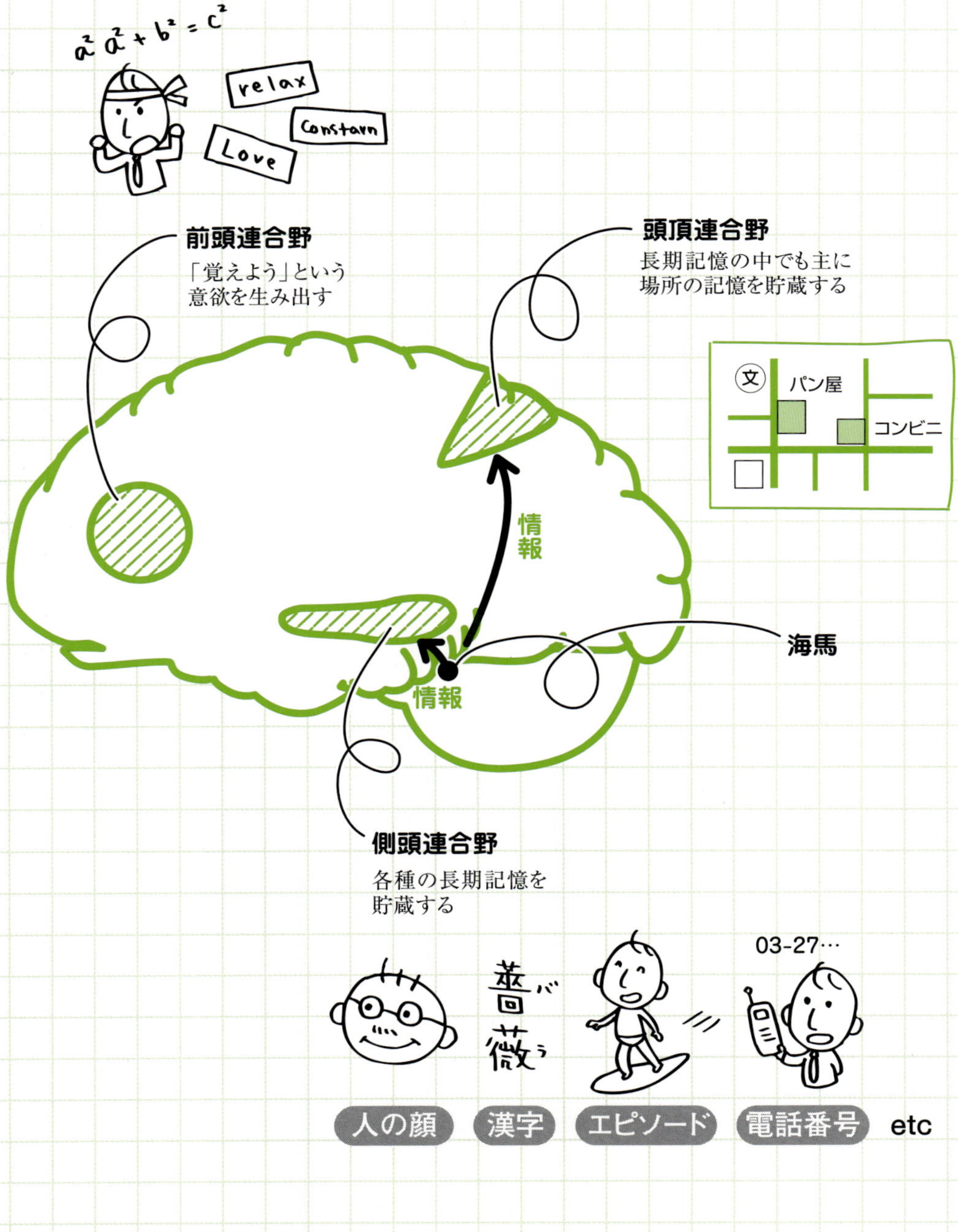

Step 10

頭で覚える記憶、からだで覚える記憶

覚えにくい「意味記憶」は手や口を動かしてカバーしよう！

★「頭で覚える記憶」は意識して思い出す記憶

★「からだで覚える記憶」は自然に思い出される記憶

★覚えにくいことは何度も書いたり口に出したり、からだで覚えるといい

長期記憶は5タイプに分けられるが、それを大きく分けると二つの種類になる。「陳述的記憶」と「手続き的記憶」だ。

陳述的記憶とは意識して思い出す記憶のことで、順序立てて考えたときにはじめて想起されるという特徴がある。この陳述的記憶に属するのが「エピソード記憶」と「意味記憶」だ。

一方、**手続き的記憶とは意識しなくても自然に思い出される記憶**で、「条件反射」「熟練技能」「認知的技能」の三つである。

陳述的記憶は前頭連合野と海馬が中心的な役割を果たしているのに対し、手続き的記憶では大脳、小脳、脳幹とすべての脳が関わってくる。**陳述的記憶は頭で覚える記憶、手続き的記憶はからだで覚える記憶ということになる。**

〈陳述的記憶〉

＊エピソード記憶

旅行や恋愛など実体験に基づいた記憶だが、事実というより、楽しいことは覚えているがつらかったことは忘れているというように、かなり主観的な記憶。覚える努力をしなくても自然に残り、さらに自分で意識して自由に思い出すことができる。

＊意味記憶

学校の勉強や一般常識といった、学習によって獲得した知識の記憶。

〈手続き的記憶〉

＊条件反射

「パブロフの犬」の実験で有名。梅干を思い浮かべただけで唾が出てくるといった記憶。

＊熟練技能

自転車の乗り方や楽器演奏、パソコンのキー操作などからだで覚えた動作の記憶。

＊認知的技能

スポーツやゲームのルール、掛け算の九九など、若干の判断力を必要とはするが、ほとんど無意識に処理している記憶。

長期記憶の５つのタイプ

陳述的記憶（頭で覚える記憶）

エピソード記憶

旅行や恋愛など実体験に基づいた記憶。事実というよりかなり主観的。覚える努力をしなくても自然に残る。

意味記憶

学校の勉強や一般常識といった、学習によって獲得した知識の記憶。エピソード記憶と違って覚えるのに努力がいる。

意味記憶が最も記銘しにくく想起しにくい

手続き的記憶（からだで覚える記憶）

条件反射

「パブロフの犬」の実験で有名。梅干を思い浮かべただけで唾が出てくるといった記憶。

熟練技能

自転車の乗り方や楽器演奏、パソコンのキー操作などからだで覚えた動作の記憶。

認知的技能

野球やサッカーなどのスポーツや将棋などのゲームのルール、掛け算の九九など、ほとんど無意識に処理している記憶。

Column

睡眠不足は記憶の大敵

睡眠のほとんどは脳を休ませるためにあり、からだの疲れをとるための睡眠は全体の５分の１だけだといわれている。

起きている間、脳は膨大な情報を処理している。その結果、神経回路が混乱し、伝達ルートが乱れてしまう。睡眠には神経細胞の疲れをとり、神経回路の伝達ルートの修復をする働きがあるのだ。

睡眠不足が続くと「睡眠物質」と呼ばれるホルモンの分泌が低下する。このホルモンの中には、発育や細胞の修復に関わる成長ホルモン、脳内の活性酸素を無毒化するグルタチオンなど、脳の活動に影響するものがあり、これらが減ってしまうと神経細胞の働きが弱ってしまうのである。

どれくらいの睡眠時間をとったらよいのかというと、６時間から７時間。何より大切なのは、就寝時間を一定にすることだ。就寝時間が不規則だと、体内時計が乱れて、不眠症などの睡眠障害を引き起こしてしまう。また、午後11時～午前０時の間に就寝するのがいいといわれている。

睡眠時間を削ってまで学習するのはよくない。むしろ午前０時には就寝して午前７時（または６時）にはすっきり目覚める。そうした生活のリズムをつくることが脳を明晰な状態に保ち、ひいては記憶力をアップさせる。

決まった時間に寝て
6～7時間眠るのが最適

PART 2

脳の働きを利用した10の記憶法

Step 11　貼り紙記憶法

Step 12　チャンキング記憶法

Step 13　顔と名前の記憶法

Step 14　「汎化」を利用してセットで覚える

Step 15　「分化」を利用して大→中→小の3ステップで記憶する

Step 16　連想記憶法

Step 17　反復記憶法

Step 18　「取っ手」記憶法

Step 19　音読記憶法

Step 20　筆記記憶法

Step 11

貼り紙記憶法

目につく場所に書いて貼り、繰り返し見て覚える。

★「繰り返し」は最もいい方法

★いろいろな場所に覚えたいことを貼る

私たちは常に外部からさまざまな刺激を受けている。海馬にはその情報が洪水のように押し寄せているため、新しい情報が入ってくるとその前の情報はすぐに消えてしまう。いわば海馬は容易に書き込めて、容易に書き直し可能な記憶装置だ。

では、連合野にしっかり記憶するにはどうしたらいいだろうか。**最もいいのは繰り返すことだ。トイレや机の前の壁など目につく場所に覚えたい事柄を紙に書いて貼っておくといいだろう。**それを常に目にすることで、脳は必要な情報であると認識する。必要な情報と認識すれば、脳は情報の記憶場所を連合野に移し「長期記憶」として保持・貯蔵するのだ。これが短期記憶から長期記憶へと変換するメカニズムである。

できるだけいろいろな場所に貼る

▶ 常に目にしていると、脳は必要な情報だと認識し、長期記憶として貯蔵する!

Step 12

チャンキング記憶法

数字はグループ分けして覚える。

★人間が一度に記憶できる事柄の数は7つか、プラスマイナス2

★長い数字は7～10個のグループに分け、文字に置き換えると覚えやすい

人間が一度に記憶できる数には制限がある。それが「マジカルナンバー7」といわれているものだ。人間が一度に記憶できる事柄の数は七つか、プラスマイナス二というのである。

一週間は七日、音階も七つ、この他にも秋の七草や七福神、七つ道具、七不思議など「7」を構成要因とするグループが多いのは、人間が昔から「7」が覚えやすい親しみのある数だと体験を通して認識していたからかもしれない。

市外局番を含めると今の電話番号は十～十一桁だ。短期記憶として覚えられる数はせいぜい七個だが、私たちが電話番号を覚えられるのは、（市外局番）ー（二～四桁の数字）ー（四桁の数字）と、長い数字が三～四個のグループに分かれるからだ。**このグループ分けを「チャンク（chunk）化」あるいは「チャンキング」という。**

チャンキングは数字をグループ化させるだけではなく、数字を文字に置き換えたり、文字を数字に置き換えて情報を整理して覚えやすくすることでもある。

歴史の年号を暗記するために「イイクニ（一一九二年）つくろう、鎌倉幕府」などとよく語呂合わせするが、これもチャンキングのひとつである。

また、円周率を四万桁まで記憶している友寄英哲さんという人は、彼なりのチャンキング法によって覚えたという。

その方法を次のページで見てみよう。

友寄さんは円周率をこうして覚えた

①まず、数字とカナの置換表をつくる。数字の「1」なら読みから「イ」「ヒ」「ヒト」、字の形から「ト」「ノ」などなるべく多くのカナと対応させる。

②円周率を10ケタごとに区切り、それをひとつの単位としてイメージが湧くように、2～3ケタずつ単語に置き換えていく。

3.14159265358979323846264338327 9

141 592 65 35
「都市の 黒人 婿《ムコ》（に） サンゴ（をあげた）」

89 79 32 3846
「野球 軟球 三時（に） みやしろ（集合）」

長い数字も
7～10個のグループに分け
文字に置き換えてストーリーをつくれば
覚えやすい！

26 43 38 32 79
「風呂 呼び 産婆 水（に入れたら） 泣く」

Step 13

顔と名前の記憶法

言葉を交わし、光景、体型まで覚えておく。

★名前を覚えようと思った相手とは必ず言葉を交わす

★そのときの情景を視覚的に覚えておく

★顔全体の印象を視覚化する

★体型まで覚えておく

東京近郊にあるゴルフクラブでフロント係をしているある女性は、これまでに一万人を超える客の顔と名前を覚えたという。

彼女の顔を覚える秘訣は、コミュニケーションにある。**名前を覚えようと思った相手とは必ず言葉を交わし、相手の名前を話の途中で口に出す**。何人かのグループの場合は、一人に絞って覚えると不思議に他のメンバーの顔も思い出すという。

そして、ポイントは客と話したときの光景を視覚的に覚えておくこと。「○○さんがいらしたときは、快晴で雲ひとつなかった」「××さんとフロントで話をしていたときに、雷が鳴って夕立があった」という具合である。

ほんの二言、三言でも、言葉を交わしておくと忘れにくい。

つまり、彼女の記憶法は、客の顔という自分とは無関係な意味記憶を、コミュニケーションを図ることで情景にして、エピソード記憶へと変えるというメカニズムだったのだ。

また、相手の顔の特徴は全体の雰囲気でとらえるといいという。「大きな目」とか「高い鼻」というふうに単独の特徴を覚えるのはうまくいかない。

体型を覚えておくのも効果がある。

彼女の記憶法から学べる点がいくつかある。ひとつは、**覚えたいと思った相手とは必ずコミュニケーションを図り、それを情景として記憶すること。そして、顔の特徴を目や鼻とバラバラに記憶するのではなく全体の印象を視覚化すること。そして、体型まで覚えておくことだ。**

ビジネスの場に応用すると…

① 名刺交換するとき、必ず相手の名前を口にする

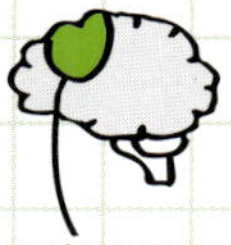

声を出すことで
運動連合野が
刺激される

② 名刺に「その日の天候」「相手から受けた印象」を記入する

- 「○年○月○日、晴れ、○○に似ている、ヒゲ、がっちりした体格」といったふうにカンタンに。
- 「汗、冷たい麦茶」など、会ったときの自分の状況をほんの少し付け加えておくと「ああ、あの日はすごく暑い日で、出してくれた冷たい麦茶がおいしかったな」とエピソードを記憶として覚えられるため、あとから思い出しやすくなる。

③ 名刺に顔の輪郭を描き、そこに眉と目の形、眼鏡の有無などを書き込む

顔記憶の4つのポイント

1. コミュニケーション
2. そのときの情景
3. 顔全体の雰囲気
4. 体型

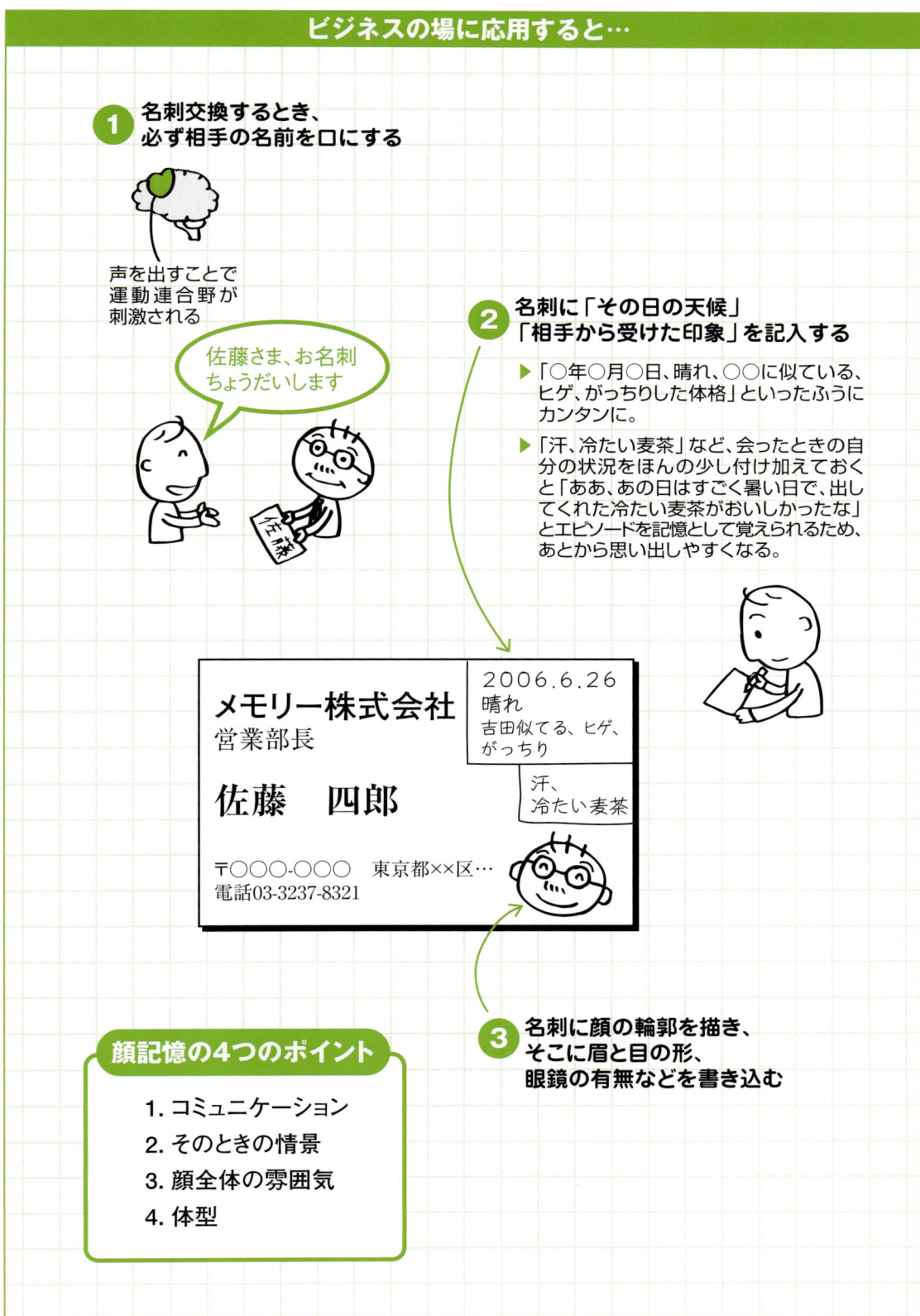

Step 14

「汎化」を利用してセットで覚える

似た情報はまとめて覚える。

★20代を過ぎたら丸暗記より内容を理解して覚えるほうが効率がいい

★類似の情報はまとめて覚えるほうが覚えやすく思い出しやすい

丸暗記の能力は八〜九歳頃をピークに衰えるが、言語理解能力を含めたトータルな記憶力は二十代後半から三十代まで伸び続ける。つまり、**二十代を過ぎたら丸暗記をするより、内容を理解するほうに、より能力を割いたほうが効率的に覚えられるのだ。**

脳には「汎化」と「分化」という面白い特性がある。

汎化とは、ある一定の刺激によって条件付けされると、それに類似の刺激でも脳が反応するようになることだ。

「パブロフの犬」の実験を思い出してほしい。あの続きがあるのだ。実験室で周波数の違う二種類の音を聞かせてから、犬に餌をやるようにする。わかりやすいように五〇〇ヘルツと一〇〇〇ヘルツの音を聞かせると仮定しよう。犬はどちらの音を聞いても「条件反射」でよだれを流すようになる。これが「汎化」だ。

この犬に五〇〇ヘルツの音を鳴らしたときだけ餌をやることを繰り返すと、一〇〇〇ヘルツの音を聞いてもよだれを流さなくなる。つまり、音の違いを区別できるようになるのだ。これを「分化」という。類似したものから分化させるという機能だ。

汎化の機能を利用すれば、類似の情報をまとめて覚えることが可能になる。さらに思い出すときに、芋づる式に覚えた情報を引き出すこともできる。これは漢字や英語の単語を覚えるときに、非常に役立つ。

たとえば、何の関連性もない漢字を十個覚えるより、手偏の漢字十個を覚えるほうが労力はずっと少なくてすむ。英単語でも意味が似ているものをまとめて覚えたほうが効率的なのだ。

意味が似ている英単語、同じ偏の漢字をまとめて覚えてみよう

大きい

large
big
huge
enormous
vast
gigantic

小さい

small
little
minute
tiny
fine

話す

speak
talk
tell
say

集める

gather
collect
assemble
recruit

てへん

扼《おさ》える
拵《こしら》える
抉《えぐ》る
捫《ひね》る
抓《つま》む
捐《あた》える
拗《す》ねる
捏《こ》ねる
抛《なげう》つ
掏《す》る

にんべん

仆《たお》れる
俯《うつむ》く
佚《うしな》う
偸《ぬす》む
侘《わび》しい
倣《な》す
佇《たたず》む
儚《はかな》い
佞《おもね》る
傲《おご》る

※漢字能力検定一級に出題される漢字から

Step 15

「分化」を利用して大→中→小の3ステップで記憶する

全体から細部へ覚えていく。

★おおざっぱに全体をとらえてから、次第に細かい部分を理解して覚える

★大→中→小の3ステップで覚えるのが効率的

前項で述べたように、犬は音と餌が結びついていることを理解し、次に音にも種類があることを知り、そして五〇〇ヘルツという特定の音だけに反応するようになる。これを「分化」という。

いきなり周波数の異なるいろんな音を聞かせても、その中から五〇〇ヘルツの音だけを聞き分けることはできない。まず五〇〇ヘルツの音を脳が覚えないことには、聞き分けることができないのだ。

この実験から、ものごとを理解し覚える場合、〈音〉→〈音の違い〉→〈五〇〇ヘルツの音〉というようにステップを踏んで覚えたほうが、少ない労力で覚えられるということがわかる。

まずおおざっぱに全体の概要をとらえてから、次第に細かい部分を区別していくほうが効果的なのだ。

たとえば長い文章を覚える場合はいきなり丸暗記するのではなく、まず全文にざっと目を通してだいたいの内容を把握する。次に細部に注目して構成や内容をきちんと理解して覚えるほうが、すんなりと頭に入りやすい。

歴史の年号を覚えるにしても、最初に歴史全体の流れをとらえ、次に時代時代に分け、細かい出来事とその年号を覚えるようにしたほうが覚えやすい。

大→中→小の3ステップで覚えることで、われわれは物事の本質をとらえ、きちんと内容が理解できる。内容を理解すれば、脳は長期記憶として記憶の格納庫へ保持・貯蔵してくれる。

このように「分化」も効率的な記憶に役立つのである。

歴史上の事件も大→中→小で頭に入る

一五九八年、豊臣秀吉が死に、跡継ぎとして幼少の秀頼が残される。

徳川家康は天下をとる好機と考えた。豊臣政権内部では、武断派の大名と文治派の大名とが対立していたため、家康はこの二派の間に戦いを起こし、それを利用して覇権を握ることにした。

武断派大名の懐柔をおこなう一方、文治派の上杉景勝が無断で領国へ帰ったことに難癖をつけ、諸大名を引き連れ、上杉征伐に向かう。それに対して文治派の中心である石田三成は家康打倒の兵をあげた。

こうして家康を総大将とする軍（東軍）と三成と毛利輝元を総大将とする軍（西軍）とが関ヶ原で一六〇〇年に戦ったのが「関ヶ原合戦」である。

東軍の主な大名には加藤清正、福島正則、細川忠興など、西軍の主な大名には小西行長、宇喜多秀家、島津義弘などがいる。合戦は当初西軍が優勢だったが、小早川秀秋の寝返りにより形勢が逆転、東軍の勝利に終わった。これにより徳川家康の覇権が確立した。

※河合敦著『早わかり日本史』（日本実業出版社）170～171ページを要約

大
徳川家康が天下をとったのが「関ヶ原合戦」。

中
家康の東軍と石田三成の西軍が一六〇〇年に関ヶ原で戦い、東軍が勝った。

小
東軍の主な大名は加藤清正、福島正則、細川忠興、西軍は小西行長、宇喜多秀家、島津義弘。

Step 16

連想記憶法

覚えたい情報から連想できる事柄を一緒に覚える。

★記憶しておきたいことには「手がかり」となるものを用意すると思い出しやすい

★記憶したいことから連想の輪を広げて連想したことを一緒に覚えると、思い出しやすくなるし、いろいろなことを同時に覚えられる

日常生活の中で何かを見て突然に小学校時代の出来事などを思い出すことがある。記憶とは不思議なもので、自分でも意識していないのに何かのきっかけでよみがえるのだ。どれだけ昔のことでも、いったん覚えたことは、実は忘れているのではなくて、脳の中に格納されている。ただ、覚えたことをうまく引き出すための手がかりがなかっただけだ。

交通事故にあって過去の記憶をなくしてしまった人が、残っていた記憶の断片に出てくる場所を回っているうちに、各場面の順序や関係が整理され、約二年間でほぼ回復したというエピソードがある。

思い出す手がかりさえあれば、記憶をよみがえらせることは不可能ではないのだ。

逆に、**どうしても記憶しておきたいことは、何か手がかりになるものをなるべくたくさん用意しておくといいということになる。**脳はひとつの情報に対してひとつの神経回路を占有して送るという非効率的なやり方で情報の伝達を行っているわけではない。それでは膨大な情報に対応できなくなるため、ひとつの神経回路を使い回して情報をさばいているのだ。

神経回路を使い回すという情報伝達の性質を生かして、**連想できる事柄を一緒に覚えるのも記憶の容量を増やすコツである。つまり、連想の輪を広げていくのだ。**

無味乾燥になりがちな意味記憶にも連想の輪を広げていくことで、思い出すときの手がかりをつくることができる。すると、その記憶はいくつかの手がかりによって強く脳に固定され、思い出しやすくなるのだ。

連想で英単語を覚えてみよう

昼寝（nap）をしているのは太平洋（pacific）の浜辺。沖合の島の火山（volcano）が噴火。噴火から連想するのはロケットの発射（launch）。ロケットは惑星（planet）を過ぎる。途中、宇宙飛行士（astronaut）が宇宙遊泳。ロケットは月（moon）に着陸（landing）。宇宙人（alien）を見かけた。

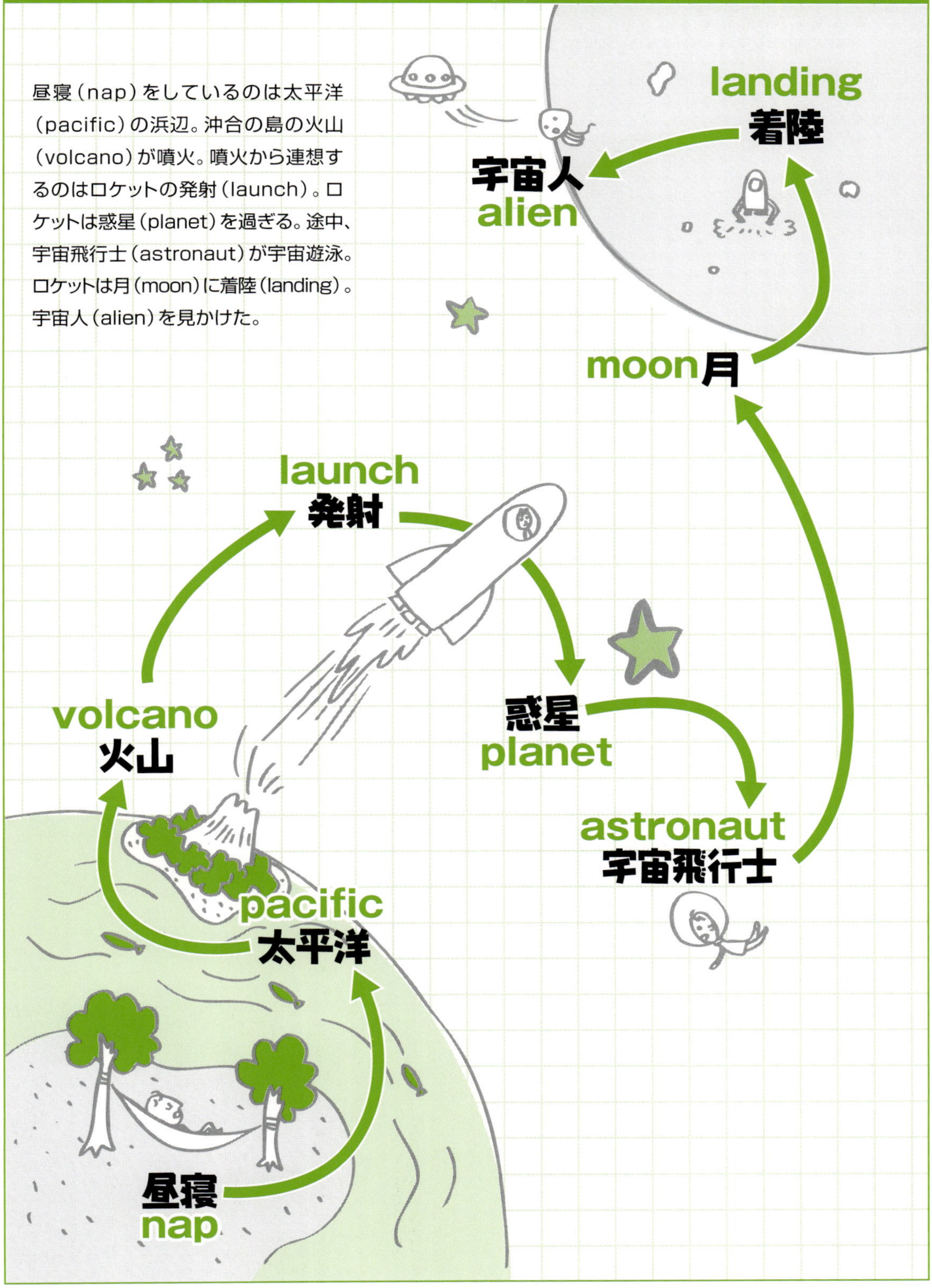

Step 17

反復記憶法

タイミングよく繰り返して覚える。

★記憶法の王道は「反復」だ

★何かを覚えたら10分後、翌日、その後「忘れたかな？」というタイミングに反復する

短期記憶を長期記憶に切り替えることができたとき、ものごとを完全に覚えられたことになる。**そして記憶法の王道は「反復（繰り返し）」だ。**

ドイツの心理学者エビングハウスの実験結果によれば、一夜漬けで覚えた記憶は、二日経過すると七割近くは消えてしまう。その逆に、**反復して確実に覚えたものは、一ヶ月たっても二割は残っている。**

もの忘れを防ぐ記憶をしたいのなら、その基本は反復行為にある。

次ページに具体的な方法を図で示した。簡単な方法なので、ぜひすぐに実行してみてほしい。その効果に驚くはずだ。

反復記憶法を実行してみよう

STEP 1 記憶したいことを用意して覚える

I wish I were a bird.
（鳥だったらいいのにな）

声に出して読んだり、イメージを思い浮かべたり、書いたりすると効果的だ。一度に記憶することの数は5つくらいにしておこう。

STEP 2 10分後に最初の反復をおこなう

I wish I were a bird.

実験によれば、短期記憶の再生は10分後から困難になる。したがって、10分経つ前に覚えなおせば、記憶が残っているうちに反復学習ができて、覚えた記憶情報を補強できる。

STEP 3 翌日、2回目の反復をおこなう

I wish I were a bird.

記憶は反復されないと翌日には66パーセントも再生できなくなる。翌日はトイレや風呂、通勤電車などの時間を利用して復習する。

STEP 4 「忘れたかな?」と思ったら反復してみる

Feb 2.
I wish I were a bird.

その後何回でも「もうそろそろ忘れたかな?」というタイミングをねらって復習する。

Step 18

「取っ手」記憶法

あとから思い出しやすいように、情報にイメージをつけておく。

★記憶に思い出すための「取っ手」をつけておく

★「取っ手」はイメージ（画像）のほうがいい

私たちがもの忘れをするのは、それを思い出すきっかけがないからに過ぎない。つまり、単に想起できないだけで、頭の中には入っていることが多いのだ。

だから、**脳内にある記憶を意識の上に引っ張り出しやすいように、取っ手をつけて覚えればいい。**

人は、無意味な数字の羅列を覚えるより、イメージ（画像）をともなったもののほうが頭に残りやすい。これは、イメージを喚起する脳の領域も活用して記銘し想起できるからである。

だから、まずは**覚えたいものがあれば、それにイメージをつけて記憶するようにすればいい。**

もの忘れをしないというのは、いつでも思い出したいことを思い出せるということだ。脳科学的に見ても、記憶上手は再生上手ということができる。記憶する行為より、それをいかに自分の意志に基づいて思い出せるかということのほうが大変なのだ。

最初から記憶を呼び戻しやすいように覚えておくことが、忘れない秘訣だ。次のページにはそんな工夫をいくつかあげてみた。

取っ手をつける記憶法のいろいろなパターン

1 散歩記憶法

よく歩く散歩コース（通勤・通学のコースでもいい）があれば、まず、そこにどんなものがあるか覚え、そのものといっしょに覚えたいことを記憶する。そこを通るたびに反復記憶すれば、そのうち、風景を思い浮かべると自然に記憶がよみがえるようになる。

2 部屋記憶法

散歩コースと同じように、部屋に置いてある机やイス、時計、ベッド、本棚etc.に関連づけて覚える。

3 身体部位記憶法

頭や手、足など身体の部位と結びつけて覚える。頭の上にその覚えたものをのせているなど、とっぴょうしもないイメージのほうが印象が強くなり、記憶の定着率が高くなる。もし忘れたときも「手、足、頭…」とイメージしていけば思い出しやすい。

4 ストーリー記憶法

＜数字編＞
数字を覚えるとき、言葉と結びつけて覚える

＜単語編＞
覚えたい単語がいくつか出てきたらストーリーをつくるとイメージとして記憶に残りやすい。

出した企画が上司に採用されたが、その上司が消えそうになったのであわてて手をつかんだ

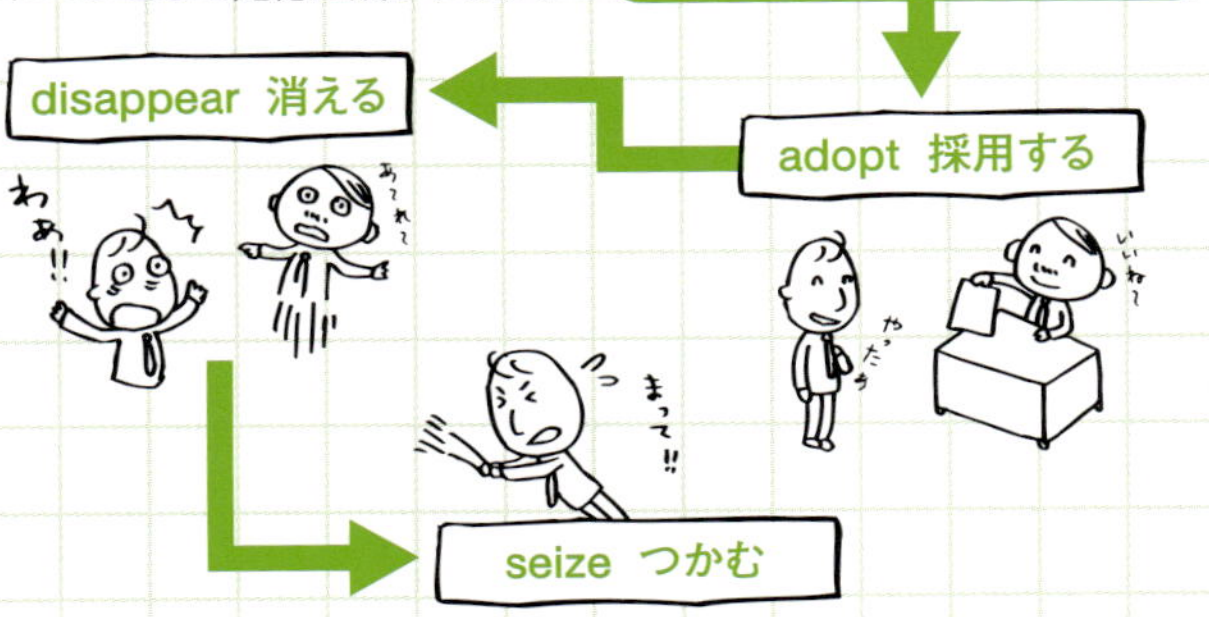

Step 19

音読記憶法

声に出して読むと脳の多くの領域を活性化することができる。

★音読をすると、大脳の神経細胞が活性化する

★何度も繰り返し口に出すのは非常に効果がある記憶法だ

前に述べたように、記憶には、頭で覚える記憶以外に、からだで覚える記憶がある。「手続き的記憶」というものだ。

「さあ、覚えるぞ」という意志や「覚えたぞ」という明確な意識がなくても、ひとりでに覚えていく。自転車に乗れるようになるのが、このタイプの記憶のよい例だ。しかも、いったん自転車に乗れるようになると、通常、乗り方を忘れるということはない。それだけ、からだで覚えた記憶は強固なのだ。

手続き的記憶の中でも筋肉を使う記憶は「運動性記憶」とも呼ばれる。筋肉や腱の動きは小脳を経て、記憶の中枢である海馬に伝えられ、大脳連合野に回って蓄積される。それだけ多くの神経細胞を働かせることで、脳に固定されやすくなるのだ。

運動性記憶を利用した記憶法の代表的なものが「読んで覚える」ことと「書いて覚える」ことだ。ここでは「読んで覚える」方法を見てみよう。

読むといっても、声に出して読む、すなわち音読して覚えるのだ。**音読をすると、すべての領域にわたって大脳の神経細胞を働かせることになる。**まず、目で文字を読むことから後頭葉にある視覚野が働き、次に内容を理解するために側頭葉にある感覚性言語野が活性化する。また、声を発することで、話す、書くという機能を担っている前頭葉にある運動性言語野（ブローカー中枢）も働く。しかも、耳を通して音を聞くことで、頭頂葉にある聴覚野まで刺激する。

さらに、口の周りや舌の筋肉、声帯を使って声を出すことから、これらの筋肉をコントロールする小脳も働くのである。

前頭葉、側頭葉、頭頂葉、後頭葉という大脳の四つの領域すべての神経細胞を活性化させるのが音読というわけだ。だから英語の単語やフレーズなどを覚えたいときなど、**何度も口に出して繰り返すのは非常に効果があるということになる。**

音読すると脳の多くの領域が刺激される

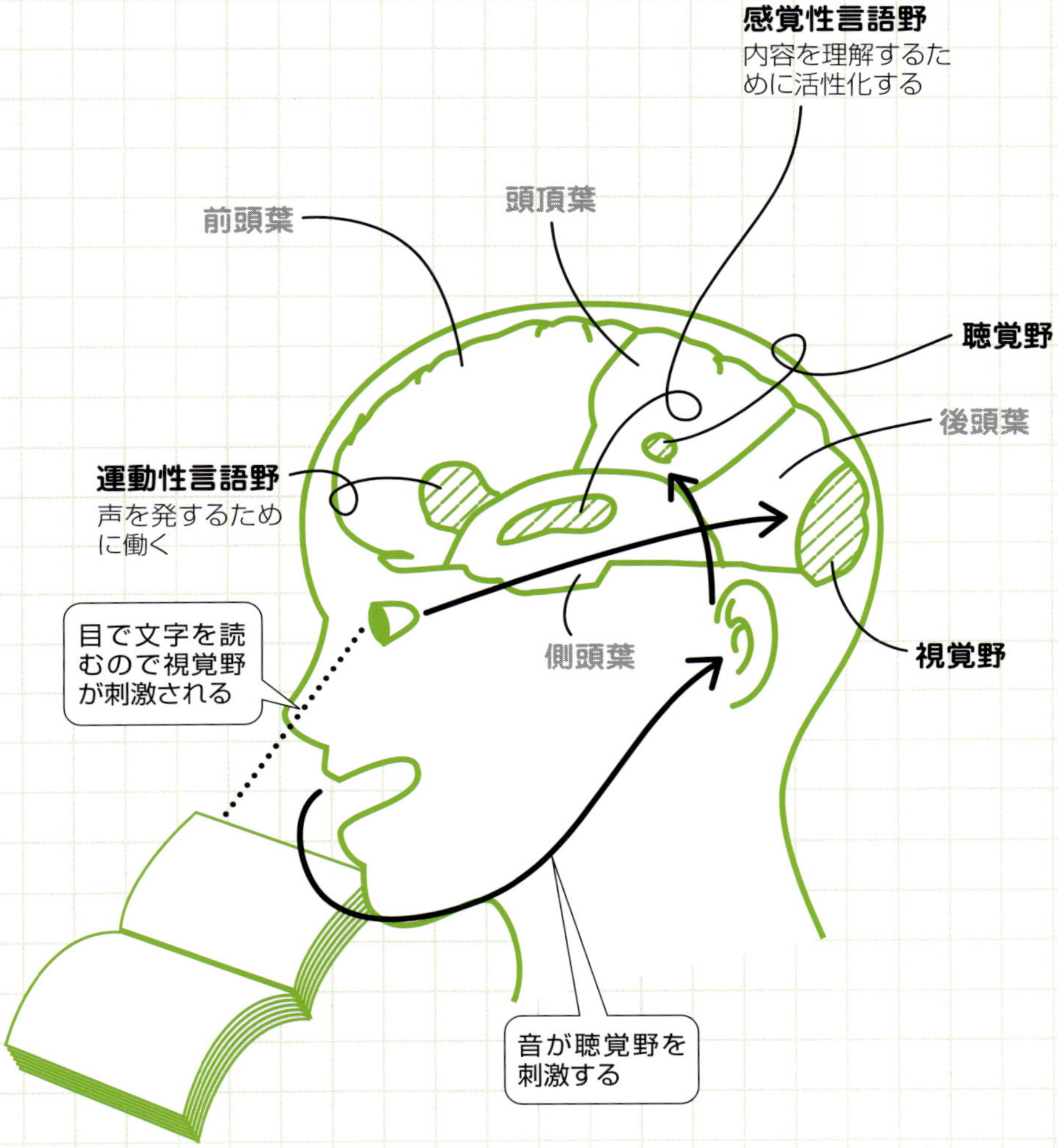

覚えたいことを何度も口に出して繰り返すのは非常に効果がある!

Step 20

筆記記憶法

聞いたことをメモしたり、繰り返し書いたりして覚える。

★手を動かして書くと、目だけで覚えるより効率的に覚えられる

★メモのとり方は文章より単語。イメージを絵にするのもいい

★複雑な内容の文章も図解すると覚えやすい

前項に引きつづき、運動性記憶を利用した記憶法のもうひとつの代表的な例「書いて覚える」方法を紹介しよう。

親指から始まり手首まで、脳はかなりの神経細胞を手に割いている。「手は第二の脳」とまでいわれるほどだ。**せっかく脳は手を優遇しているのだから、もっと活用すべきだ。**

聞いたことをメモする、漢字や英単語を繰り返し書いて覚える。このようにすると、**目だけで覚えようとするのに比べ、より多くの神経細胞が活性化するために、早く正確に覚えることができる。**

授業や研修などで一時間も二時間もの長い時間、聞いた内容を覚えておこうとするとき、一言一句すべてを書いて覚えるのは不可能だから、メモのとり方を工夫する必要がある。**記憶のためには文章より、キーワードや要点を書き留めるようにするのが効果がある。それも、単語で十分だ。**

そのとき、話し手の言葉だけを書き留めるのではなく、あなたの**頭に浮かんだイメージや感想をちょっとメモしたり絵に描いたりしておくことが役立つ。**思い出そうとするときに、そうしたイメージや感想が手がかりとなるからだ。

また、複雑な内容の文章を理解し、記憶したいときも図にまとめてみるといい。

手を動かして書いたり図にしたりすると記憶しやすくなる

▶難しい漢字や英単語・フレーズも、何度も手を動かして書き、同時に口に出せば覚えやすい。

▶複雑な内容の文章も図解してみると記憶しやすい！

一五九八年、豊臣秀吉が死に、跡継ぎとして幼少の秀頼が残される。徳川家康は天下をとる好機と考えた。豊臣政権内部では、武断派の大名と文治派の大名とが対立していたため、家康はこの二派の間に戦いを起こし、それを利用して覇権を握ることにした。武断派大名の懐柔をおこなう一、文治派の上杉景勝が無断で領国へ帰ったことに難癖をつけ、諸大名を引き連れ、上杉征伐に向かう。それに対して文治派の中心である石田三成は家康打倒の兵をあげた。こうして家康を総大将とする軍（東軍）と三成と毛利輝元を総大将とする軍（西軍）とが関ヶ原で一六〇〇年に戦ったのが「関ヶ原合戦」である。東軍の主な大名には加藤清正、福島正則、細川忠興など、西軍の主な大名には小西行長、宇喜多秀家、島津義弘などがいる。合戦は当初西軍が優勢だったが、小早川秀秋の寝返りにより形勢が逆転、東軍の勝利に終わった。これにより徳川家康の覇権が確立した。

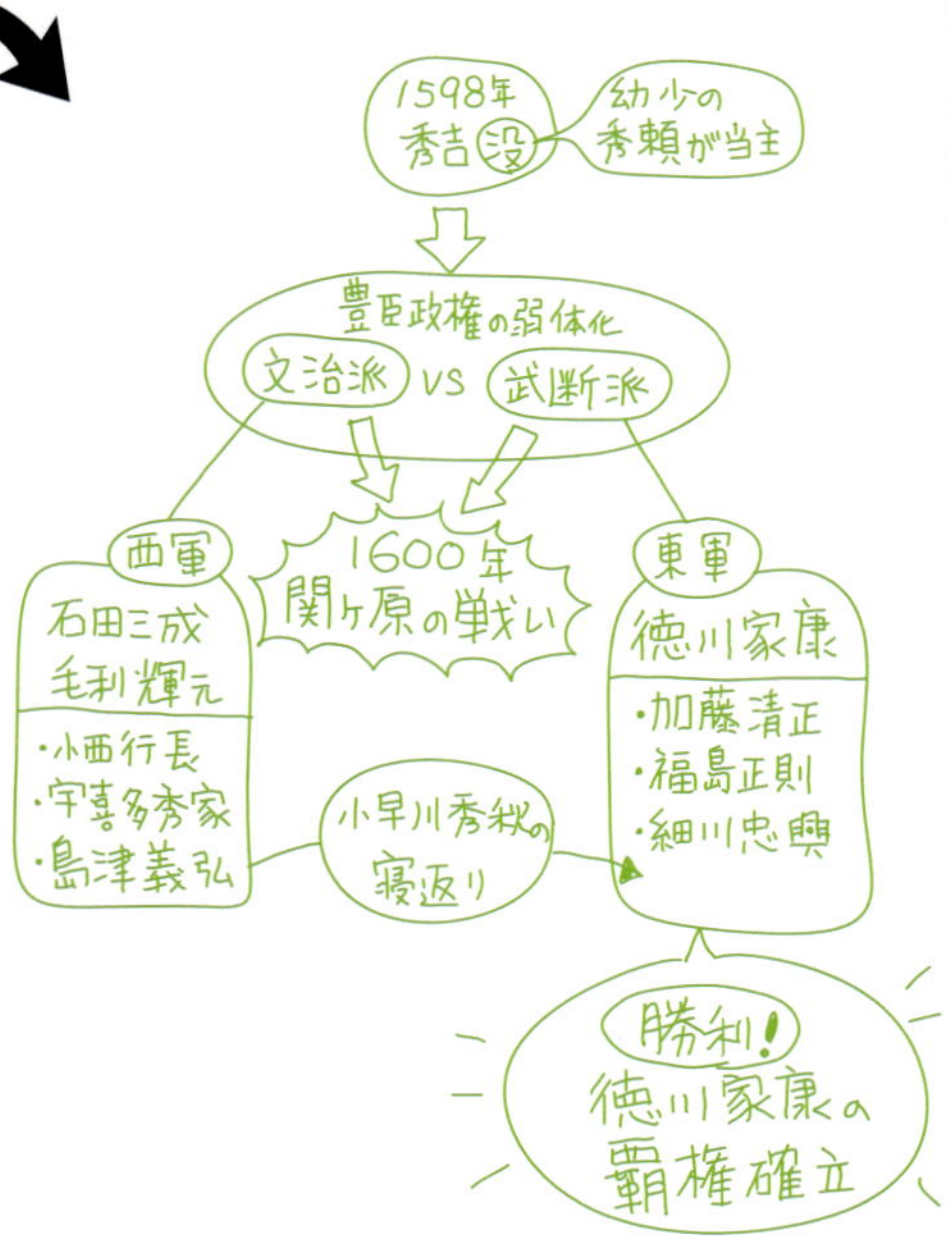

※河合敦著『早わかり日本史』（日本実業出版社）170～171ページを参考にさせていただきました。

Column

完璧主義よりまあまあ主義

人は自分の間違いに気づいたとき、「恥ずかしい」「二度と同じ間違いはしない」などといった思いとともに訂正した情報をはっきりと脳に刻み込む。こうなると、何年も保持されるエピソード記憶となる。間違えたことによって、意味記憶をエピソード記憶に変えることができたといえる。こうした失敗を繰り返して、脳は鍛えられるのだ。

最初から完璧に覚えようとすると、すぐに挫折する。人の緊張感はそれほど続くものではない。むしろ、適度な手抜きをする人のほうがもの覚えがよかったりする。完璧主義者の傾向として、その日のノルマを達成すると緊張の糸が切れてしまい、形成されつつあった記憶がリセットされやすいからだ。

「今日はこれだけやったからまた明日やろう」という人のほうが、よい緊張感が持続する。覚えなければいけない事柄が頭の中にひっかかっている時間が長く、それだけ記憶として定着しやすいのだ。

記憶に関しては、完璧主義を目指すより適度な手抜きのまあまあ主義でいこう。

失敗を繰り返して記憶は刻み込まれる

PART 3

日常生活の中で記憶力を高める5つの行動

Step 21

話す

覚えたことを話すと、脳にしっかり刻み込まれる。

★言葉のキャッチボールで脳は活性化する

★覚えたことを人に話すと脳にしっかり刻み込まれる

★曖昧な部分や理解できていないところを確認できる

会話は、他人が話す言葉を聞き、自分の言葉を声に出すことで成り立っている。話を聞くことは、言葉を理解することだから、言葉の理解を担当する側頭葉後半部のウェルニッケ領域がまず働く。次に自分が話すことで前頭葉のブローカー中枢が働く。つまり、**言葉のキャッチボールが交わされることで、脳は活性化するのだ。**

とくに私たちが会話を行う場合、ワーキングメモリという機能が働く。これは、ある情報をほんのわずかな間だけ記憶することだが、前頭連合野で処理されて、脳のソフトウェアの働きを高める。ブレイン・ストーミングという言葉があるように、他者とディスカッション、つまり言葉のキャッチボールを行うことで脳のソフトウェアが活性化し、すばらしいアイディアが浮かんでくるのだ。

このように会話は脳にいい刺激を与える。これを記憶力アップに役立てるには、自分が覚えたことを誰かに話すといい。

覚えた事柄を他者に話すことで、脳にしっかりと刻み込まれるという効果もあるし、曖昧な部分や理解できていないところを確認できるというメリットがあるのだ。

話すことは記憶に効果がある

▶覚えたことはどんどん人に話そう!

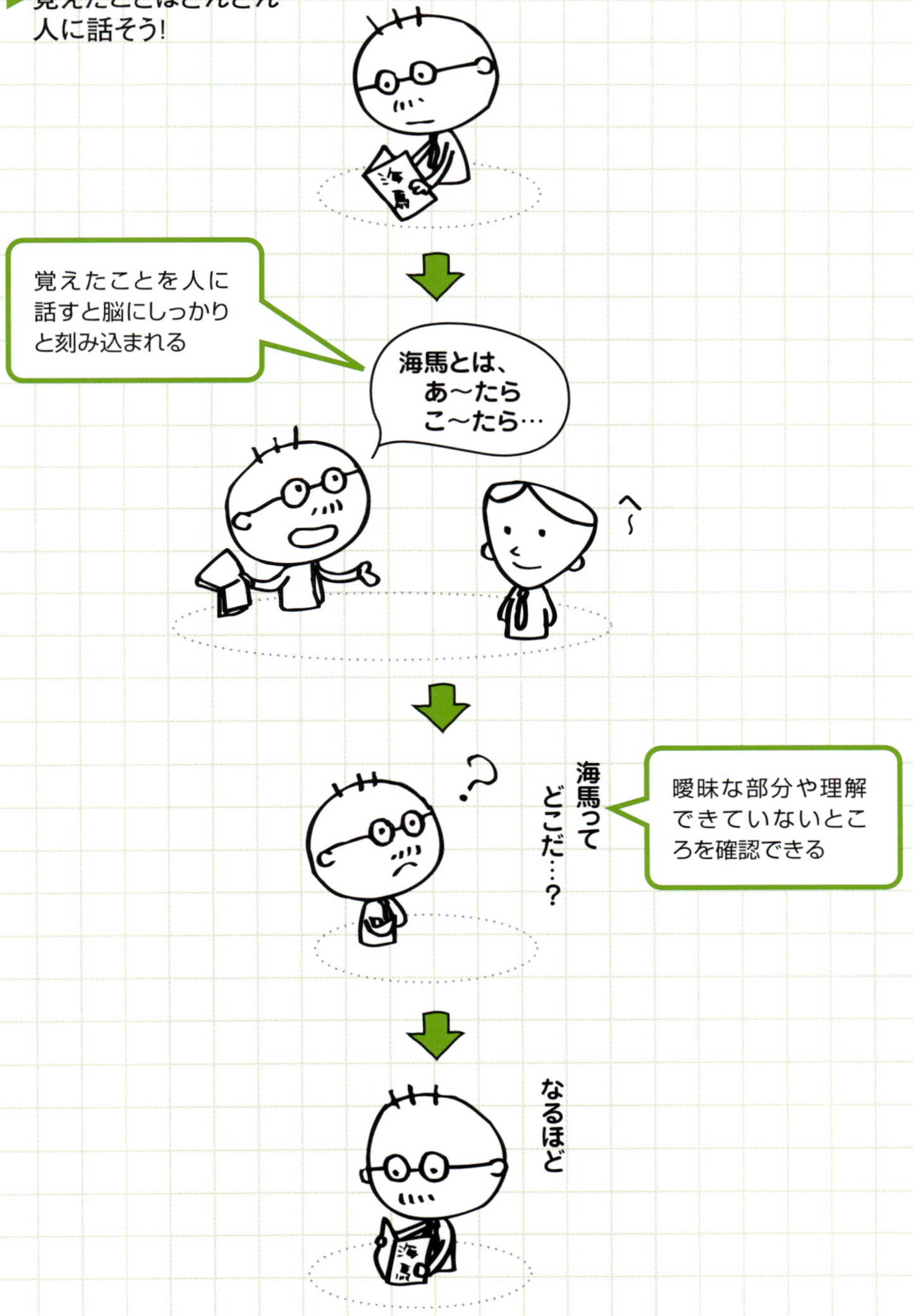
覚えたことを人に話すと脳にしっかりと刻み込まれる
海馬とは、あ〜たらこ〜たら…
へ〜
海馬ってどこだ…?
曖昧な部分や理解できていないところを確認できる
なるほど

Step 22

噛む

噛むことで脳への刺激が多くなる。

★噛むことによる脳への刺激が脳を活性化させ、記憶力を高める

★意識して硬いものを食べ、よく噛む習慣をつけよう

からだの中で最も大きな筋肉は太ももの筋肉、すなわち大腿筋だが、次がアゴの筋肉だ。からだの部位の大きさから比べると、いかに顔に筋肉が集まっているかに驚く。

食物を噛むときには、顔にある二五種類に及ぶ筋肉が使われ、ここからの刺激は頭頂葉の体性感覚野に伝えられる。ここに届く運動情報は、手と足からの情報が二五％ずつで、なんと残り五〇％がアゴからの情報なのである。

噛むことによって、人はサルから進化して大きな脳を持つようになったと考えられている。われわれ現人類は、まず噛むことで脳を巨大化させ、次に言語の獲得で前頭葉を発達させたのだ。

現代人は柔らかい食べ物を好み、硬いものをよく噛んで食べる習慣を失いつつある。**意識して硬いものを食べ、脳への刺激を多くすることが記憶力の増強につながる。**

噛むことが脳に与える影響は大きい

噛むことで人の脳は大きくなった

人の脳が大きくなったひとつの原因は噛むことだと考えられる。

硬いものをよく噛む習慣をつけよう

豆類や玄米などを食事にとり入れ、よく噛む。それがむずかしかったらガムでもいい。

Step 23

歩く

歩くと脳への酸素供給が多くなるだけでなく、運動によって脳が活性化する。

★歩くことで全身の血行がよくなり、脳に酸素と栄養が十分に供給される

★歩くことで全身の筋肉や感覚、自律神経系が働き、脳が活性化する

歩いて覚えるというのは、古代ギリシア時代から記憶法として知られていた。アリストテレスは、自分が歩きながら覚えていただけでなく、弟子たちにも勧め、机に向かってではなく歩きながら勉強させたという。

歩くことが記憶をよくするのには二つの理由がある。ひとつは、**歩くことで全身の血行がよくなり、脳の活動に必要な酸素と栄養が十分に供給されるようになるからだ**。通常、一分間に心臓が送り出す血液の量は約五リットル。歩くことでその十倍の五〇リットルに増える。その結果、からだの各器官や臓器、もちろん脳にも新鮮な酸素と栄養がたっぷりと行き渡ることになる。

二つめの理由は、**歩くことは脳全体を活性化するからだ**。歩くと、手足の筋肉ばかりでなく、全身の筋肉が動く。その運動のコントロールや、周囲を見回したり音を感知したりといった視覚や聴覚、運動に伴う心肺機能やエネルギーの調整、発汗作用による体温の調節といった自律神経系など、多くの器官や機能と連携することで一連の動作がスムーズに行われる。一方では、筋肉や腱から伸縮状況が神経を介して脊髄から脳へと伝わるが、その刺激によってさらに脳の活動が高まる。また、季節の変化にも敏感になる。

健康のためには一日一万歩が目安といわれるが、初心者は五千歩くらいから始めて、徐々に歩数を増やすといい。

テープやMDに覚えたい内容を録音して、それを聴きながら歩くのは、非常に有効な記憶法だといえる。

私自身、十年前から本格的に歩き始めた。体重が減り、動きが活発になった。週二〜三回千メートルのスイミングもまぜて、その効果はさらに倍増。毎年やってもらう全身検査も、いつも三〜四十代だと推賞されている。頭がボケないのもそのためだ。

歩くことが記憶力を高める2つの理由

❶ 脳に酸素を補給するのを助け、脳の働きをよくする

脳が正常に活動するためには
多量の酸素が必要

↓

酸素補給のため脳に循環する血液量

1日 約2000リットル ＝ ドラム缶10本分

歩くと、足の関節や筋肉がポンプのような役割を果たし、心臓が血液を循環させるのを助ける。

歩くことで心臓が送りだす血液の量は1分間に5リットルから10倍の50リットルに増える。

❷ 脳全体を活性化する

全身の筋肉の運動のコントロールや、視覚や聴覚、自律神経系が働くことで脳のさまざまな領域が活性化する。

Step 24

五感を活用する

なかでも嗅覚を鍛えると記憶力が高まる。

★視覚・聴覚・触覚・味覚・嗅覚の五感を活用すると脳を活性化する

★五感とともに覚えると記憶が定着しやすい

★なかでも臭覚は効果が高い

私たちの脳は外部から得た情報を一ヶ所にまとめて記憶するのではなく、分散させて記憶しているのではないかという仮説が有力になっている。

たとえば、野球のボールを記憶するときは「白い」「丸い」「硬い」「縫い目がある」など、形や色、質感などを分解して別々に記憶しておく。その記憶を再生する際にバラバラの断片を大脳の前頭連合野でひとつに集結させているらしいのだ。

そのことから、記憶力を高めるには、よりたくさんの記憶の断片を脳に貯蔵させるように仕向ければいいということになる。そのためには**視覚・聴覚・触覚・味覚・嗅覚の五感を活用することである**。

たとえば、文字情報だけを覚えようとしてもなかなか覚えられないが、ボールを実際に手にとってその感触や匂いまで覚えるとしっかりと脳に刻み込まれる。このように**ものごとを記憶する際には、五感を使ったほうが記憶の定着率が高くなるのだ**。

特に、われわれが普段使う感覚は視覚と聴覚にかたよりがちなので、触覚・味覚・嗅覚を意識して使うといい。

なかでも嗅覚は役立つ。実は人間の五感の中では最も退化しつつある感覚なのだが、五感の中で唯一、大脳新皮質を経由せずにダイレクトに大脳辺縁系の海馬や扁桃体に達することから、その刺激は強烈なインパクトを持つ。しかも味覚は甘い、塩辛い、苦い、酸っぱいの四種類の基本的な味の組み合わせで構成されているのに比べ、匂いの分子は約四十万種類。そのうちわれわれは三千〜一万種類の匂いを嗅ぎ分けることができる。非常に複雑な感覚なのだ。

嗅覚を記憶に利用すれば、記憶の定着には非常に効果があるといえる。

料理をすると五感を同時に働かせることができる

材料に手で触れ、鍋などで調理し、味をつけ、盛りつける。このプロセスで五感がすべて使われる。大量の情報が脳に伝わり、脳を活性化する。料理が上達すれば記憶力もアップするはずだ。

Step 25

眠る

睡眠直前に覚えたことは記憶に残りやすい。

★覚えたあとは眠るのが記憶の定着にいい

★夢は記憶を整理し、重要な記憶を取り出しやすくする

　新しい記憶が加わると、脳は古い記憶を混乱させ再生できなくなってしまう傾向がある。これが、長期記憶に移行する前の短期記憶の段階であると、いっそう激しく混乱する。

　記憶を脳内に定着させる理想的な方法は、記憶したらあとは何もしないことだ。新しい刺激がなければ、短期記憶が長期記憶として定着しやすくなる。

学習した内容をより多く記憶として残すには、勉強時間は集中して短めにすることと、学習後は刺激を少なくすること。がんばりすぎて学習量を多くすると、かえって記憶が混乱しやすい。

　そのために理想的な状況を現実の生活で探してみると、就寝前が当てはまる。つまり、**勉強したあとは何もせずに寝てしまうのが、記憶にとっては一番よい**。眠ったほうが記憶の再生率が上がることは数多くの実験で報告されている。

　カナダで行われた実験では、勉強をしたあとに眠った学生とそのまま起きていた学生とを比較したところ、前者のほうがより多くのことを覚えていた。

　また、こんな実験もある。複数の人を二つのグループに分けて、夜寝る前に同じ記憶作業をさせる。一つのグループは夢を見るレム睡眠に入るたびに起こし、もう一つのグループはレム睡眠でないときに起こすようにした。起こす回数は同じにした。

　すると、レム睡眠を確保して夢を見たグループのほうが、より多くのことを記憶し続けることができたのだ。

　夢は短期記憶を整理し統合することに重要な働きがあると考えられている。人は夢を見ているときに、外部からの干渉がほとんどない状態を利用して、脳の中に蓄積された記憶を再生し、無意味な情報と重要な情報を選別しているようなのだ。そして、無意味な情報は排除し、目覚めたときは重要な情報だけを優先的に取り出せるようにセッティングしているのである。

眠りをうまく利用した学習法

① 寝る前に覚えたいものを用意し、記憶する

▶ベッドの中に持ち込んで覚えればいい。

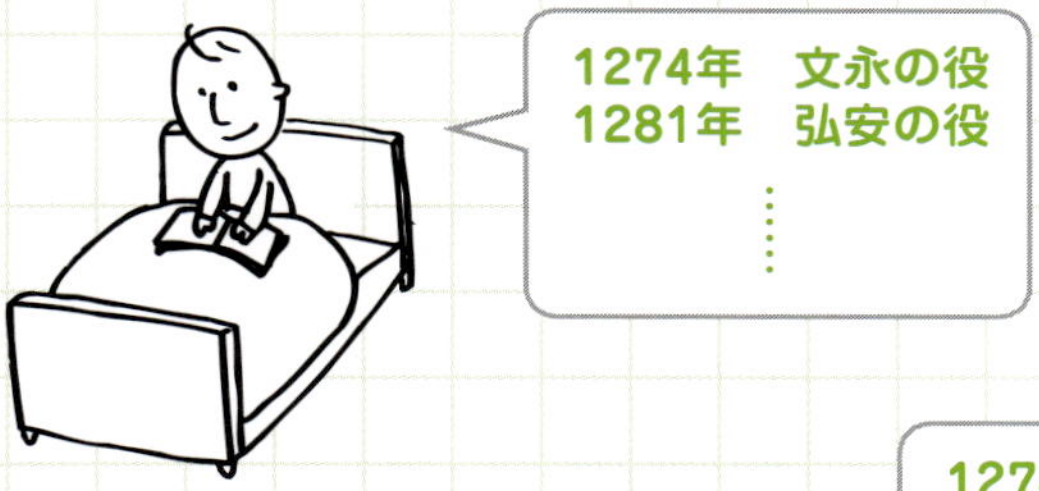

② 暗記したら、眠りの世界へ

▶覚えたいものを暗記したら、電気を消して眠る態勢に入る。ウトウトするまでに、今覚えたものを何度も思い出してみる。2、3回やるだけで記憶の定着率が上がる。

③ ぐっすり眠る

④ 目が覚めたら復習

▶昨夜覚えたことがきちんと思い出せるか確認する。

⑤ 翌日の睡眠前に前日の復習をする

▶これで長期記憶が強化される。

Column

10分間のトレーニングで記憶力は高まる

一度に大量の学習をしても、そう簡単に記憶の保有量を多くすることはできない。しかし、毎日少しずつ覚える行為をあきらめずに継続すれば、記憶する力は着実に身につく。

しかも、記憶できたことが次の新しい記憶と結びついて、あまり労力を払わずに覚えていけるようになる。わかりやすい例を出せば、記憶力は飛行機が離陸するのに似ている。飛行機は滑走して離陸するまでがもっとも神経を使い、エネルギーも大量に消費する。だが、いったん軌道に乗ってしまえば、慣性の法則でそれほど労力を使わずに飛び続けられる。

ここまでに紹介した記憶法を活用して、毎日、少しずつ覚えていこう。次のPART 4にあるようなトレーニングをするのもいい。

覚えるのに必要な労力は
だんだん小さくなる！

PART 4

記憶力トレーニング

音読トレーニング

Step 26

大きな声を出して、できるだけ早く3回読む。
他にも自分の好きな文章を選んで音読するといい。

坊《ぼっ》ちゃん

夏目漱石《なつめそうせき》

親譲《おやゆず》りの無鉄砲《むてっぽう》で子供《こども》の時《とき》から損《そん》ばかりしている。小学校《しょうがっこう》に居《い》る時《じ》分学校《ぶんがっこう》の二階《にかい》から飛《と》び降《お》りて一週間程腰《いっしゅうかんほどこし》を抜《ぬ》かした事《こと》がある。なぜそんな無闇《むやみ》をしたと聞《き》く人《ひと》があるかも知《し》れぬ。別段深《べつだんふか》い理由《りゆう》でもない。新築《しんちく》の二階《にかい》から首《くび》を出《だ》していたら、同級生《どうきゅうせい》の一人《ひとり》が冗談《じょうだん》に、いくら威《い》張《ば》っても、そこから飛《と》び降《お》りる事《こと》は出来《でき》まい。弱虫《よわむし》やーい。と囃《はや》したからである。小使《こづかい》に負《お》ぶさって帰《かえ》って来《き》た時《とき》、おやじが大《おお》きな眼《め》をして二階位《にかいぐらい》から飛《と》び降《お》りて腰《こし》を抜《ぬ》かす奴《やつ》があるかと云《い》ったから、この次《つぎ》は抜《ぬ》かさずに飛《と》んで見《み》せますと答《こた》えた。

親類《しんるい》のものから西洋製《せいようせい》のナイフを貰《もら》って奇麗《きれい》な刃《は》を日《ひ》に翳《かざ》して、友《とも》達《だち》に見《み》せていたら、一人《ひとり》が光《ひか》る事《こと》は光《ひか》るが切《き》れそうもないと云《い》った。

風《かぜ》の又三郎《またさぶろう》

宮沢賢治《みやざわけんじ》

どっどど　どどうど　どどうど　どどう
青《あお》いくるみも吹《ふ》きとばせ
すっぱいかりんも吹《ふ》きとばせ
どっどど　どどうど　どどうど　どどう

谷川《たにがわ》の岸《きし》に小《ちい》さな学校《がっこう》がありました。

教室《きょうしつ》はたった一《ひと》つでしたが、生徒《せいと》は三年生《さんねんせい》がないだけで、あとは一《いち》年《ねん》から六年《ろくねん》までみんなありました。運動場《うんどうじょう》もテニスコートのくらいでしたが、すぐうしろは栗《くり》の木《き》のあるきれいな草《くさ》の山《やま》でしたし、運動場《うんどうじょう》の隅《すみ》にはごぼごぼつめたい水《みず》を噴《ふ》く岩穴《いわあな》もあったのです。

さわやかな九月一日《くがつついたち》の朝《あさ》でした。青《あお》ぞらで風《かぜ》がどうと鳴《な》り、日光《にっこう》は運動場《うんどうじょう》いっぱいでした。

単純計算トレーニング

Step 27

陰山英男先生によって有名になった「百マス計算」だ。

タテとヨコの数字を足してマスを埋める。どれだけ早くできるか、時間を計ってみよう。

+	5	0	2	6	8	4	1	7	9	3
2										
5										
7										
9										
0										
4										
1										
8										
6										
3										

所要時間□秒

こちらは、ヨコ軸の数字からタテ軸の数字を引いてマスを埋める。

−	10	13	15	12	17	19	14	16	18	11
3										
1										
7										
4										
0										
2										
6										
9										
5										
8										

所要時間　秒

書写トレーニング

Step 28

右ページの「般若心経」を左ページに書き写すだけで、脳が活性化する。
声を出して読みながらやるとさらに効果が上がる。

般《はん》若《にゃ》心《しん》経《ぎょう》　〈摩《ま》訶《か》般《はん》若《にゃ》波《は》羅《ら》蜜《みっ》多《た》心《しん》経《ぎょう》〉

観《かん》自《じー》在《ざい》菩《ぼ》薩《さつ》行《ぎょう》深《じん》般《はん》若《にゃ》波《は》羅《ら》蜜《みっ》多《た》時《じ》照《しょう》見《けん》五《ごー》蘊《うん》皆《かい》空《くう》度《ど》一《いっ》切《さい》苦《くー》厄《やく》舎《しゃー》
利《りー》子《し》色《しき》不《ふ》異《い》空《くう》空《くう》不《ふ》異《い》色《しき》色《しき》即《そく》是《ぜ》空《くう》空《くう》即《そく》是《ぜ》色《しき》受《じゅ》想《そう》行《ぎょう》識《しき》亦《やく》復《ぶ》如《にょ》是《ぜ》
舎《しゃー》利《りー》子《し》是《ぜ》諸《しょ》法《ほう》空《くう》相《そう》不《ふ》生《しょう》不《ふ》滅《めつ》不《ふ》垢《く》不《ふ》浄《じょう》不《ふ》増《ぞう》不《ふ》減《げん》是《ぜ》故《こ》空《くう》中《ちゅう》無《む》色《しき》
無《む》受《じゅ》想《そう》行《ぎょう》識《しき》無《む》眼《げん》耳《に》鼻《び》舌《ぜっ》身《しん》意《い》無《む》色《しき》声《しょう》香《こう》味《み》触《そく》法《ほう》無《む》眼《げん》界《かい》乃《ない》至《し》無《む》意《い》
識《しき》界《かい》無《む》無《む》明《みょう》亦《やく》無《む》無《む》明《みょう》尽《じん》乃《ない》至《し》無《む》老《ろう》死《し》亦《やく》無《む》老《ろう》死《し》尽《じん》無《む》苦《く》集《しゅう》滅《めつ》道《どう》無《む》
智《ち》亦《やく》無《む》得《とく》以《い》無《む》所《しょ》得《とく》故《こ》菩《ぼ》提《だい》薩《さっ》埵《た》依《え》般《はん》若《にゃ》波《は》羅《ら》蜜《みっ》多《た》故《こ》心《しん》無《む》罣《けー》礙《げ》
無《む》罣《けー》礙《げ》故《こ》無《む》有《う》恐《く》怖《ふ》遠《おん》離《り》一《いっ》切《さい》顛《てん》倒《どう》夢《む》想《そう》究《く》竟《ぎょう》涅《ね》槃《はん》三《さん》世《ぜ》諸《しょ》仏《ぶつ》依《え》般《はん》
若《にゃ》波《は》羅《ら》蜜《みっ》多《た》故《こ》得《とく》阿《あ》耨《のく》多《た》羅《ら》三《さん》藐《みゃく》三《さん》菩《ぼ》提《だい》故《こ》知《ち》般《はん》若《にゃ》波《は》羅《ら》蜜《みっ》多《た》是《ぜ》大《だい》
神《じん》呪《しゅ》是《ぜ》大《だい》明《みょう》呪《しゅ》是《ぜ》無《む》上《じょう》呪《しゅ》是《ぜ》無《む》等《とう》等《どう》呪《しゅ》能《のう》除《じょ》一《いっ》切《さい》苦《く》真《しん》実《じつ》不《ふ》虚《こ》故《こ》説《せつ》
般《はん》若《にゃ》波《は》羅《ら》蜜《みっ》多《た》呪《しゅ》即《そく》説《せつ》呪《しゅ》曰《わっ》羯《ぎゃ》諦《てい》羯《ぎゃ》諦《てい》波《は》羅《ら》羯《ぎゃ》諦《てい》波《は》羅《ら》僧《そう》羯《ぎゃ》諦《てい》菩《ぼ》提《じ》
薩《そ》婆《わ》訶《か》　般《はん》若《にゃ》心《しん》経《ぎょう》

絵・言葉・記号の記憶トレーニング

Step 29

下の絵と言葉を3分間で覚える。
そして本を閉じ、どれだけ覚えているか言葉を書き出す。

消しゴム 	やかん 	ワンピース 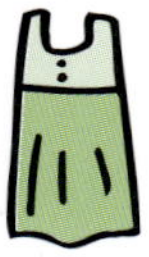	おにぎり 
自転車 	スリッパ 	うちわ 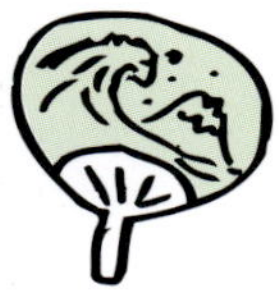	新聞 
サンドイッチ 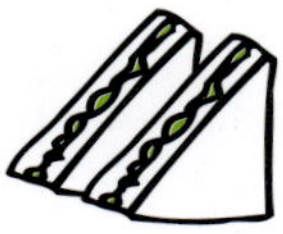	クリップ 	お風呂 	ウサギ 
砂時計 	船 	飛行機 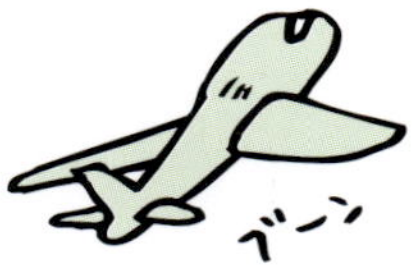	天どん 
にわとり 	掃除機 	電池 	灯台 
ケーキ 	カップ 	牛 	電気スタンド 

こちらは記号だ。右と同じようにやってみよう。

快晴 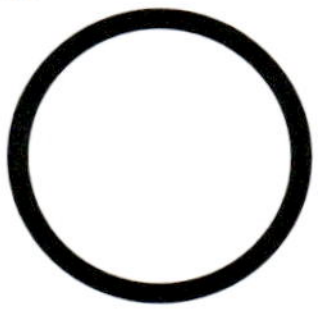	雷 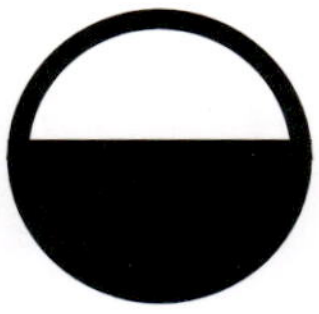	雨 	ひょう 
にわか雨 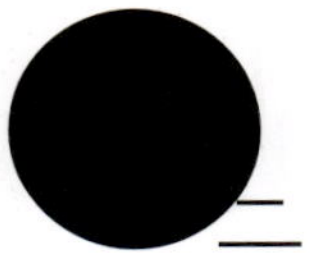	地ふぶき 	くもり 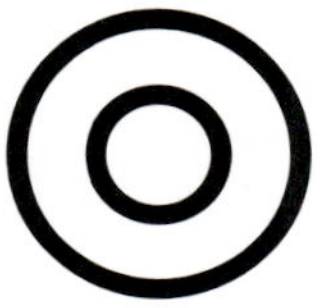	みぞれ 
霧 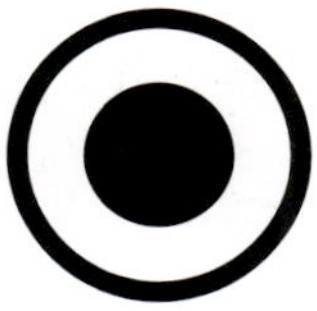	あられ 	煙霧 	雪 
警察署 	神社 	工場 	裁判所 
記念碑 	郵便局 	果樹園 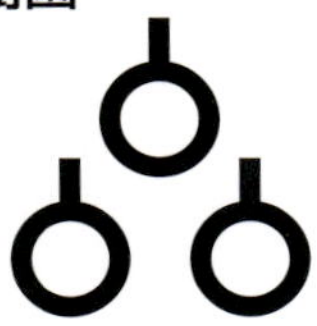	病院 
小・中学校 	漁港 	保健所 	茶畑 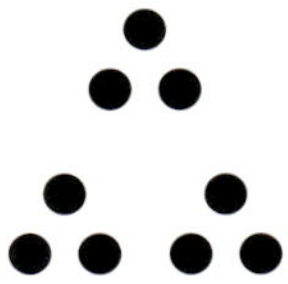

漢字の穴埋めトレーニング

Step 30

下の□に漢字を入れて、四字熟語を完成する。

（答えは84ページ）

番号	問題
1	開口□番
2	曖□模糊
3	唯□無二
4	□気軒昂
5	勇□果敢
6	一目□然
7	捲□重来
8	日進□歩
9	周章狼□
10	□気揚々
11	音信□通
12	未来□劫
13	眉□秀麗
14	英明果□
15	虚心坦□
16	牽□付会
17	純真□垢
18	流□蜚語
19	問答□用
20	□学菲才
21	千客□来
22	危□一髪
23	余裕□々
24	本□転倒
25	□咤激励
26	猪突□進
27	不□長寿
28	三位一□
29	得手□手
30	奇□天外
32	波瀾万□
33	百□錬磨

（答えは84ページ）

❶ 空前□後
❺ □子奮迅
❾ 無我夢□
⓭ 一□同体
⓱ 紆余□折
㉑ 誠□誠意
㉕ 用意□到
㉙ 古□蒼然

❷ 難行□行
❻ □許皆伝
❿ 粉□砕身
⓮ 単□直入
⓲ 不惜□命
㉒ 電□石火
㉖ 門外□出
㉚ 荒唐□稽

❸ 才□煥発
❼ 変幻□在
⓫ 意□消沈
⓯ 自□自賛
⓳ 無理難□
㉓ □心伝心
㉗ 茫□自失
㉜ 阿鼻□喚

❹ □中模索
❽ 天□爛漫
⓬ 起死□生
⓰ □心暗鬼
⓴ 悠悠□適
㉔ 平□無事
㉘ 一心□乱
㉝ 試□錯誤

熟語連想トレーニング

Step 31

一番上の漢字が入った二字熟語を思い出していく。

（解答例は84ページ）

連	色	絶	世	人	回	白	半	大	秀（例）
									秀才
									優秀
									秀逸
									秀作
									秀抜
									俊秀
									秀麗

（解答例は84ページ）

結　素　清　出　美　考　聖　茶　落　調

限界記憶再生トレーニング

Step 32

それぞれ、思い出せるだけたくさん書き出してみる。
限界までがんばって思い出してみよう。

▶ 花の名前

▶ 自動車の名前

▶ 駅名

▶ アメリカの州名

▶ サッカー選手の名前

▶小説家の名前

▶世界各国の首都名

▶家具

▶楽器

▶ことわざ

図形回転トレーニング

Step 33

下の1～7の基本図形を回転させたとき、A～Dのどれかになる。
正解はどれだろうか。 （答えは84ページ）

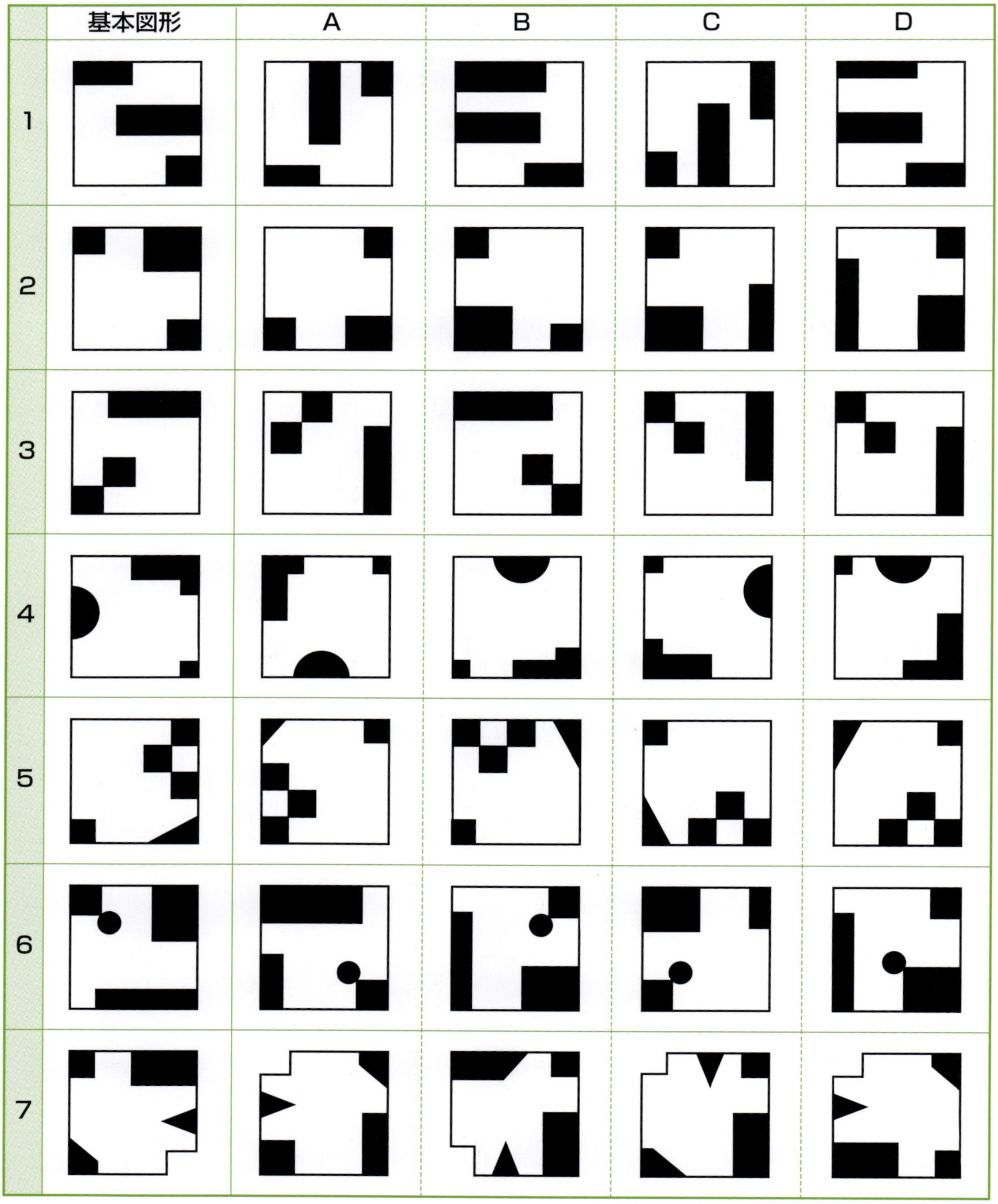

（答えは84ページ）

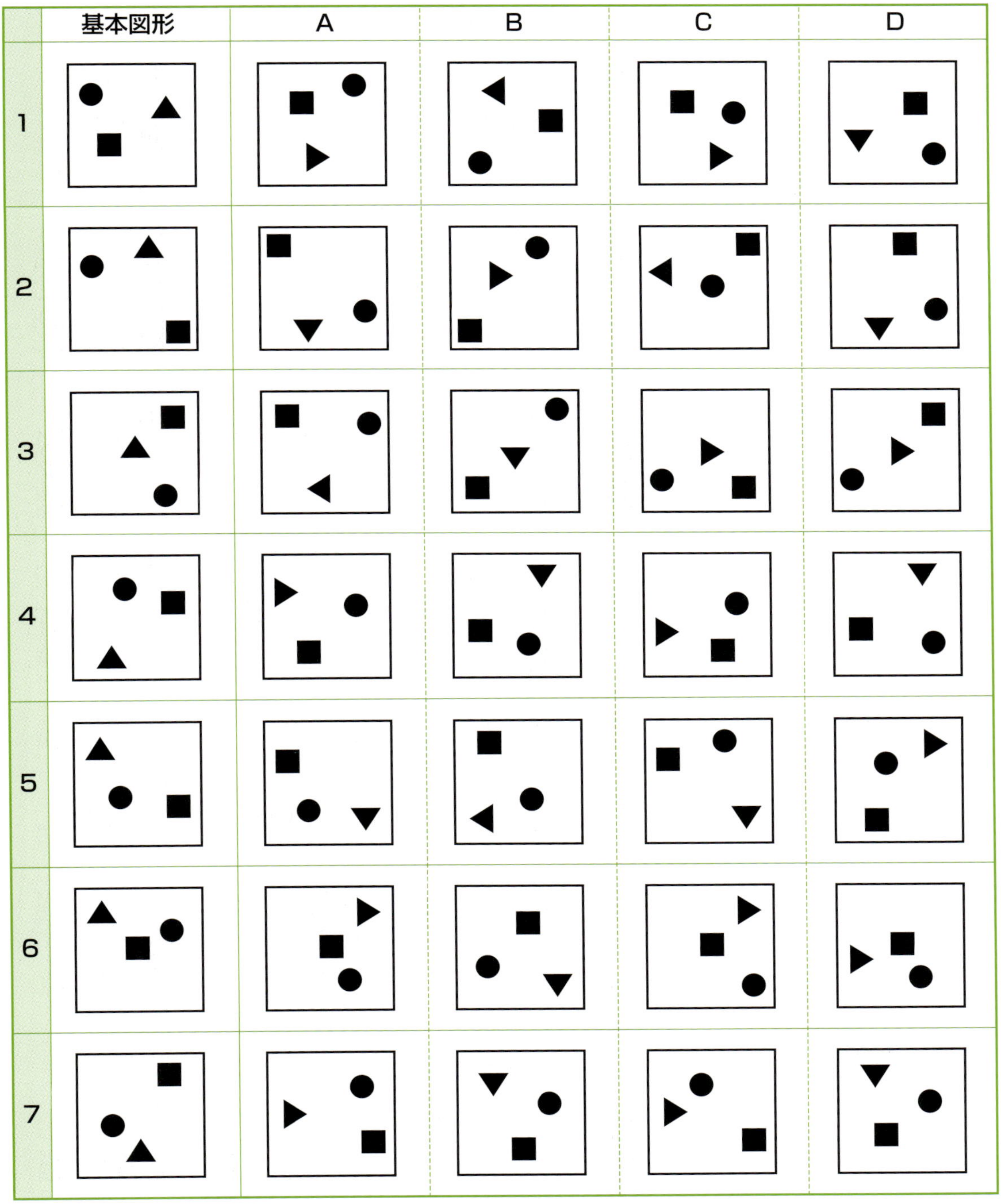

白地図トレーニング

Step 34

下の白地図に都道府県名を書き込んでみよう。

（答えは85ページ）

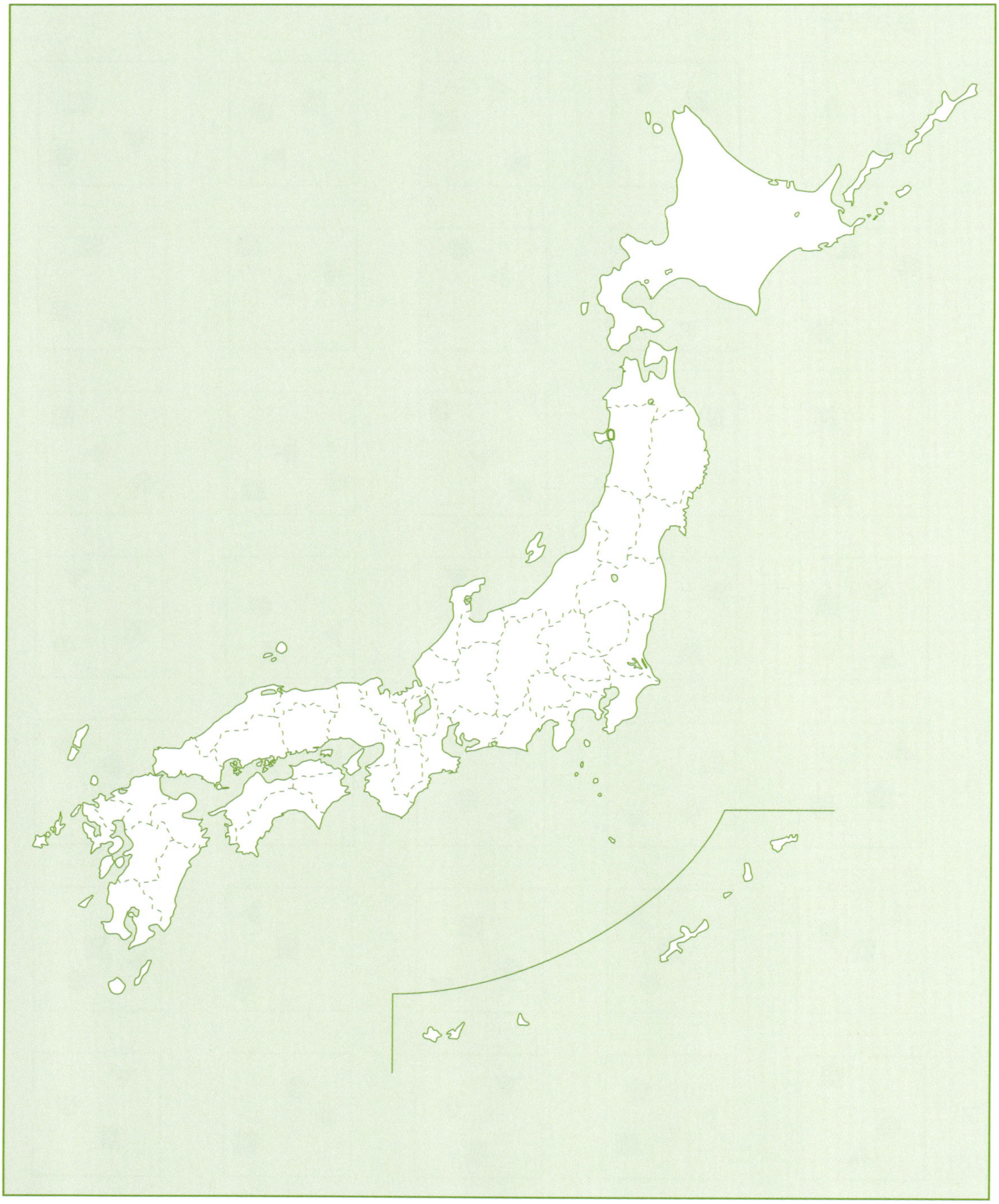

下の白地図に国名を書き込んでみよう。

（答えは86ページ）

創造性トレーニング

Step 35

創造性を高めるには、ふだんは結びつかない記憶同士を接合することだ。そのために連想のトレーニングをしよう。1つの言葉から連想する言葉を3つ書き出し、さらにその1つから連想する言葉を3つ書き出す。そしてもう一度、その1つからさらに3つの言葉を連想してみる。

（例）

月	うさぎ	耳
↓	↓	↓
・うさぎ	・ニンジン	・パン
・宇宙船	・雪	・鼻
・すすき	・耳	・音楽

火		
↓	↓	↓
・	・	・
・	・	・
・	・	・

水		
↓	↓	↓
・	・	・
・	・	・
・	・	・

土

↓ ↓ ↓

● ● ●

● ● ●

● ● ●

金

↓ ↓ ↓

● ● ●

● ● ●

● ● ●

木

↓ ↓ ↓

● ● ●

● ● ●

● ● ●

集中力トレーニング

Step 36

脳が受ける刺激は、大きく分けて視覚や聴覚を通して外部から受ける刺激と、体性感覚として身体内部から受ける刺激の二種類ある。どちらも脳にとっては大切な刺激だが、より即効性があるのは、触覚・痛覚・圧覚などの体性感覚である。そうした身体情報が突き上げられて、脳は活性化するのである。

特に手足の皮膚感覚は非常に敏感で、その刺激は直接脳へ伝えられるから、その効果はテキメンである。脳を酷使したり眠気を感じたりして集中力が低下したと感じたときに、脳をリフレッシュさせる最適なトレーニングを紹介しよう。いずれもイスにすわったままでできる簡単な運動やマッサージなので、仕事や勉強の合間に行うといい。

1 指回し運動

両手を胸の前で突き合わせ、左右の親指から順にお互いの指が触れないように回していく。各指10回ずつ交互に回し、小指まで回し終えたら、今度は反対回りに10回ずつ同じように回す。

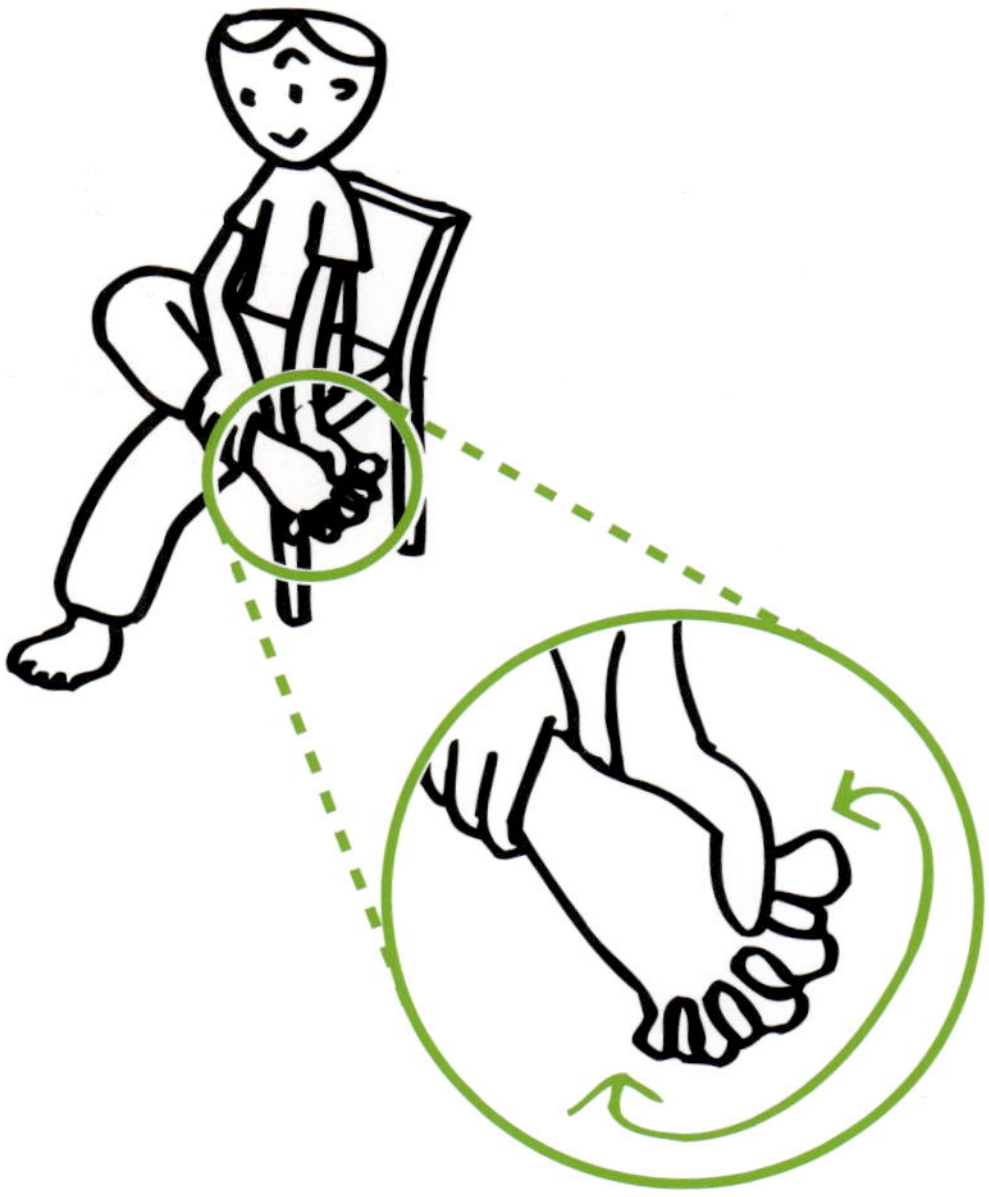

2 足首回し運動

靴下を脱いで片足の指に反対側の手指を組ませ、時計回りと反時計回りに10回ずつ回し、反対側の足も同様に回す。回し終えたら、足の5本の指の間をできるだけ広く開く。

3 脳マッサージ

うなじに両手の親指をあてがい、力を入れて、まずはうなじ部分をもみほぐし、さらに親指は頭の後ろの頭蓋骨から徐々に頭頂葉に移動させていき、他の4指はシャンプーする要領で頭全体をもみほぐすようにする。力を入れてリズミカルにおこなうと、より効果は高まる。

トレーニングの答え

【漢字の穴埋めトレーニング】

70ページの答え

❶ 開口一番	❷ 曖昧模糊	❸ 唯一無二	❹ 意気軒昂
❺ 勇猛果敢	❻ 一目瞭然	❼ 捲土重来	❽ 日進月歩
❾ 周章狼狽	❿ 意気揚々	⓫ 音信不通	⓬ 未来永劫
⓭ 眉目秀麗	⓮ 英明果断	⓯ 虚心坦懐	⓰ 牽強付会
⓱ 純真無垢	⓲ 流言蜚語	⓳ 問答無用	⓴ 浅学菲才
㉑ 千客万来	㉒ 危機一髪	㉓ 余裕綽々	㉔ 本末転倒
㉕ 叱咤激励	㉖ 猪突猛進	㉗ 不老長寿	㉘ 三位一体
㉙ 得手勝手	㉚ 奇想天外	㉜ 波瀾万丈	㉝ 百戦錬磨

71ページの答え

❶ 空前絶後	❷ 難行苦行	❸ 才気煥発	❹ 暗中模索
❺ 獅子奮迅	❻ 免許皆伝	❼ 変幻自在	❽ 天真爛漫
❾ 無我夢中	❿ 粉骨砕身	⓫ 意気消沈	⓬ 起死回生
⓭ 一心同体	⓮ 単刀直入	⓯ 自画自賛	⓰ 疑心暗鬼
⓱ 紆余曲折	⓲ 不惜身命	⓳ 無理難題	⓴ 悠悠自適
㉑ 誠心誠意	㉒ 電光石火	㉓ 以心伝心	㉔ 平穏無事
㉕ 用意周到	㉖ 門外不出	㉗ 茫然自失	㉘ 一心不乱
㉙ 古色蒼然	㉚ 荒唐無稽	㉜ 阿鼻叫喚	㉝ 試行錯誤

【熟語連想トレーニング】

72ページの答え

大	大学	大将	大国	偉大	大小	大勝	盛大
半	半分	折半	半身	後半	半額	半期	半熟
白	白馬	明白	白眼	自白	敬白	白人	白紙
回	回転	回教	次回	回帰	回顧	巡回	回答
人	人物	人間	詩人	人生	老人	婦人	偉人
世	世界	前世	世論	世情	世間	世俗	世帯
絶	絶対	絶世	気絶	絶好	断絶	絶交	絶頂
色	顔色	色彩	好色	原色	色素	色調	単色
連	連合	連絡	関連	連盟	連中	連載	連名

73ページの答え

調	調査	調理	色調	調印	調合	調子	調節
落	落第	下落	堕落	落伍	落下	落日	落札
茶	茶碗	紅茶	茶人	茶道	喫茶	茶瓶	茶室
聖	聖書	聖人	聖夜	楽聖	神聖	聖域	聖火
考	考察	参考	考古	考証	考案	思考	一考
美	美人	美貌	美観	美女	美男	甘美	褒美
出	出張	出力	外出	出演	演出	出生	出身
清	清潔	血清	清掃	清楚	清算	清流	清酒
素	色素	塩素	酸素	素材	素因	素描	素養
結	結果	完結	結論	凝結	凍結	結縁	結婚

【図形回転トレーニング】

76ページの答え

1 → C
2 → B
3 → D
4 → A
5 → C
6 → B
7 → D

77ページの答え

1 → D
2 → A
3 → C
4 → B
5 → D
6 → A
7 → C

【白地図トレーニング】

78ページの答え

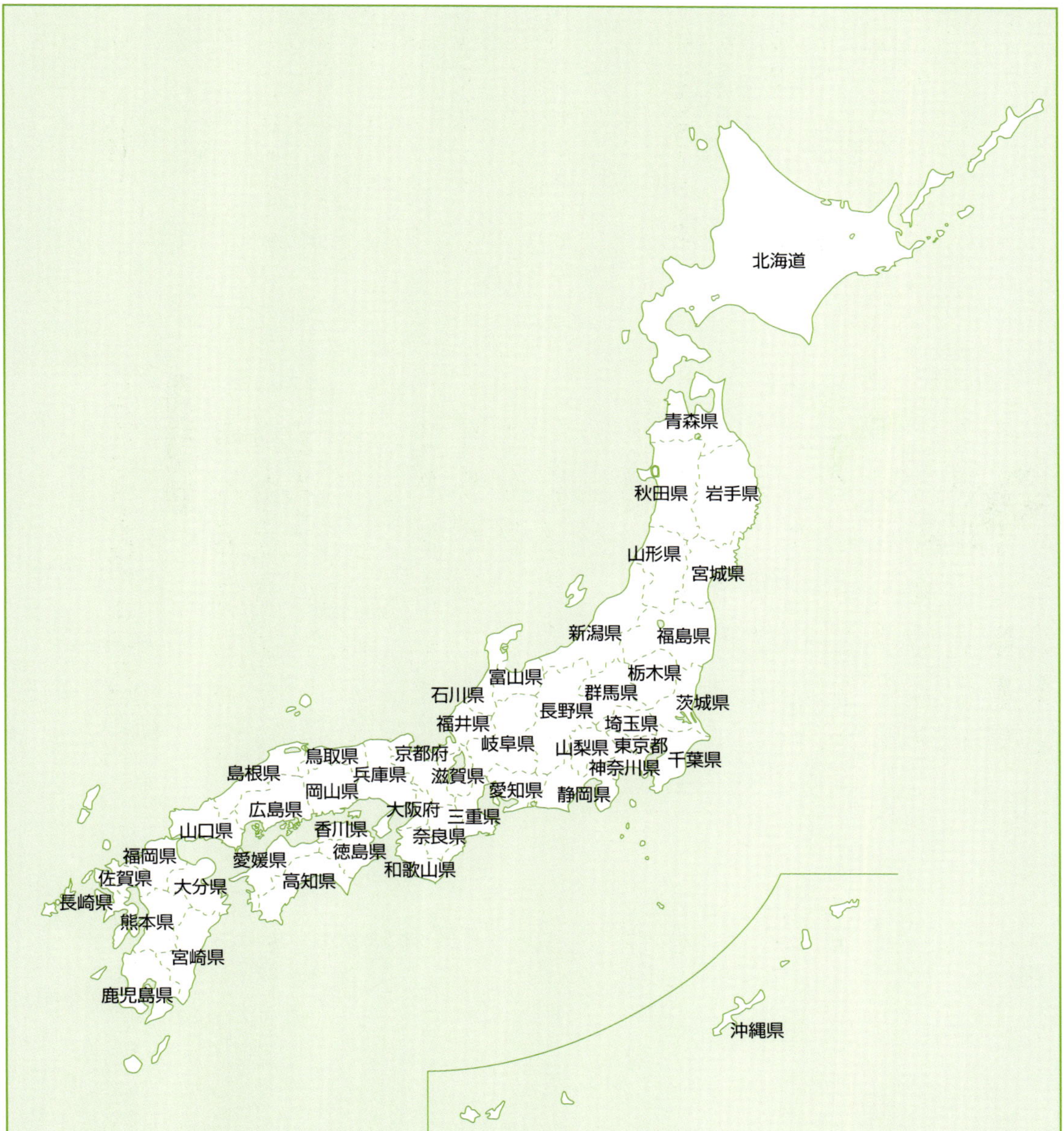

アイスランド
フィンランド
スウェーデン
ノルウェー
ロシア
エストニア
ラトビア
デンマーク
リトアニア
ロシア
アイルランド
ベラルーシ
イギリス
オランダ
ポーランド
ドイツ
ウクライナ
ベルギー
チェコ
ルクセンブルク
スロバキア
モルドバ
オーストリア
ハンガリー
フランス
スイス
ルーマニア
スロベニア
クロアチア
ボスニア・
ヘルツェゴビナ
セルビア
ブルガリア
コソボ
イタリア
モンテネグロ
マケドニア
ポルトガル
スペイン
アルバニア
トルコ
ギリシャ
モロッコ
アルジェリア
チュニジア
リビア
リビア
エジプト